UNIVERSITÉ DE MONTPELLIER

FACULTÉ DE DROIT

LA

CAPACITÉ CIVILE

DE LA FEMME SÉPARÉE DE CORPS

AVANT ET DEPUIS LA LOI DU 6 FÉVRIER 1893

THÈSE POUR LE DOCTORAT

PAR

Emile CHRESTIEN

MONTPELLIER
TYPOGRAPHIE ET LITHOGRAPHIE CHARLES BOEHM
Imprimeur de l'Académie des Sciences et Lettres

1897

LA

CAPACITÉ CIVILE

DE LA

FEMME SÉPARÉE DE CORPS

AVANT ET DEPUIS LA LOI DU 6 FÉVRIER 1893

MONTPELLIER. — IMPRIMERIE CHARLES BOEHM

UNIVERSITÉ DE MONTPELLIER

FACULTÉ DE DROIT

LA
CAPACITÉ CIVILE
DE LA FEMME SÉPARÉE DE CORPS
AVANT ET DEPUIS LA LOI DU 6 FÉVRIER 1893

THÈSE POUR LE DOCTORAT

PAR

Emile CHRESTIEN

MONTPELLIER

TYPOGRAPHIE ET LITHOGRAPHIE CHARLES BOEHM

Imprimeur de l'Académie des Sciences et Lettres

1897

UNIVERSITÉ DE MONTPELLIER

FACULTÉ DE DROIT

MM. VIGIÉ, Doyen, Professeur de Droit civil, chargé du cours d'Enregistrement.

VALABRÈGUE, Assesseur, Professeur de Droit commercial.

BRÉMOND, Professeur de Droit administratif.

GIDE, Professeur d'Économie politique.

LAURENS, Professeur de Droit civil, chargé du cours de Législation notariale.

GLAIZE, Professeur de Procédure civile, chargé des cours de Voies d'Exécution et de Législation financière.

LABORDE, Professeur de Droit criminel, chargé du cours de Législation et d'Economie industrielles.

CHARMONT, Professeur de Droit civil, chargé du cours de Droit civil dans ses rapports avec le notariat.

CHAUSSE, Professeur de Droit romain, chargé du cours de Pandectes.

MEYNIAL, Professeur d'Histoire du Droit.

BARDE, Professeur de Droit constitutionnel.

VALÉRY, Agrégé, chargé des cours de Droit international public et de Droit international privé.

DECLAREUIL, Agrégé, chargé d'un cours de Droit romain et du cours d'Histoire du Droit public français.

BROUILHET, chargé d'un cours d'Économie politique.

GIRAUD, Secrétaire.

MEMBRES DU JURY

MM. LAURENS, Professeur, *Président*.

CHARMONT, Professeur, }

MEYNIAL, Professeur, } *Assesseurs.*

A MES PARENTS ET A MES AMIS

LA
CAPACITÉ CIVILE

DE LA

FEMME SÉPARÉE DE CORPS

AVANT ET DEPUIS LA LOI DU 6 FÉVRIER 1893

INTRODUCTION

Les questions dites féministes, celles qui intéressent la condition publique ou privée de la femme, sa situation comme membre d'une famille ou d'un Etat, sont partout en ce moment à l'ordre du jour de l'opinion. Hommes politiques, romanciers, publicistes, jurisconsultes les examinent avec un sérieux qui autrefois aurait fait sourire, tantôt pour apporter des arguments nouveaux à l'appui des théories déjà soutenues, tantôt pour exposer des théories nouvelles, tantôt enfin seulement pour attirer une fois de plus l'attention sur ces questions d'un intérêt si puissant et si actuel.

A intervalles inégaux, des Congrès se réunissent où ces questions sont discutées par des orateurs de l'un et l'autre sexe. Le bon sens, il faut bien le dire, a peu de part dans

ces discussions, mais le fait seul qu'elles peuvent se produire sans soulever un immense éclat de rire, et que des
journaux sérieux en rendent compte à leurs lecteurs [1],
prouve déjà la profondeur et l'intensité de ce mouvement
féministe.

Au milieu de ces bavardages, de ces déclamations, de
ces outrances de langage et de pensée et au milieu d'un
décor généralement plaisant, quelques idées justes ont
été émises, dont la plupart, formulées en propositions de
loi, ont reçu soit de la Chambre, soit du Sénat un excellent
accueil qui fait espérer qu'elles ne tarderont pas à passer
dans nos Codes.

C'est ainsi, par exemple, que la Chambre a pris en considération, le 12 juin 1894, une proposition tendant à conférer à la femme majeure le droit d'être témoin dans les
actes de l'État civil. C'est ainsi qu'une proposition de
M Goirand, ayant pour objet d'assurer à la femme mariée
la libre disposition des fruits de son travail, a été l'objet
d'un rapport sommaire favorable, à la séance de la Chambre du 20 septembre 1894. C'est ainsi encore que le Sénat
s'est montré favorable à l'octroi de l'électorat consulaire
aux femmes commerçantes, réforme qui, étant donné
les dispositions bienveillantes de la Chambre, paraît
devoir aboutir dans un délai très bref.

Qu'il l'ait voulu ou non, il est certain que le législateur
de 1893 s'est laisser influencer par ces idées qui pour ainsi
dire flottent dans l'air, et que nous respirons sans nous en
douter. Il est certain qu'à toute autre époque ce n'est pas

---

[1] L'austère *Temps* et les universitaires *Débats* ont décrit en termes
exempts d'ironie les séances du Congrès féministe qui s'est réuni à
Paris, en avril dernier, sous la présidence de Madame Maria Pognon,
l'un des apôtres les plus ardents de la cause des femmes.

dans un affranchissement complet de la puissance maritale qu'il serait allé chercher un remède à la situation de la femme séparée de corps ; il aurait préféré un remède même insuffisant à ce remède radical, qui, s'il est pleinement efficace, ébranle toutes les théories jusqu'à ce jour admises en France depuis le Code civil, sur la condition de la femme dans l'état de mariage.

Maintenant que nous connaissons le courant d'idées auquel a obéi à son insu sans doute le législateur du 6 février 1893, demandons-nous quel a été son but, les nécessités pratiques qui l'ont poussé à émanciper du joug marital la femme séparée de corps, les considérations théoriques sur lesquelles, à tort, il a prétendu asseoir la règle qu'il édictait. Demandons-nous s'il a dû faire échec à une règle essentielle, s'il ne pouvait pas arriver autrement au résultat qu'il avait en vue, demandons-nous enfin s'il n'y avait pas lieu, pour lui, de faire une distinction entre la femme contre qui la séparation avait été prononcée, et celle qui l'avait obtenue à son profit, cette dernière devant seule bénéficier de la réforme.

On nous excusera sans doute de n'avoir pas fidèlement suivi l'ordre chronologique, dans lequel se sont manifestées les différentes propositions qui ont abouti à la loi qui fait l'objet de cette étude, puisque ce sont des considérations de méthode et de clarté qui nous y ont contraint. Ce n'est pas, au surplus, une étude historique que nous entendons faire. Nous étudions un principe juridique nouveau, dont, dans une seconde partie, nous montrerons les conséquences pratiques au double point de vue des droits pécuniaires de la femme séparée et de ses droits personnels.

PREMIÈRE PARTIE

ÉTUDE DU PRINCIPE

I.

La loi du 6 février 1893 a eu pour but essentiel, en plaçant la femme séparée de corps dans une situation à peu près identique à celle de la femme divorcée, de permettre à la femme pour qui la vie commune est devenue intolérable, de choisir librement en toute indépendance de conscience, et à l'abri de toute préoccupation juridique, entre le divorce et la séparation.

«La loi ne doit pas pousser au divorce[1]. Ce mot de

---

[1] «Tout ce qui peut laisser une espérance légitime de reconstitution de l'union conjugale doit être bien vu par le législateur; si donc les époux, au lieu de plaider directement en divorce, préfèrent ne recourir d'abord qu'à une instance en séparation de corps, s'ils veulent se condamner eux-mêmes à une épreuve de trois années trop longue et trop incertaine dans ses résultats, pour que la société puisse l'imposer à ceux qui la repoussent, mais qu'elle doit voir d'un œil favorable si ce sont les époux qui se l'imposent volontairement; s'ils veulent, avant de franchir la barrière suprême, se laisser une chance dernière de réconciliation, on les en empêcherait en leur déclarant qu'ils doivent opter dès le premier jour pour le divorce, à peine de ne pouvoir jamais plus revenir sur leur choix. Quel serait l'intérêt. Quelle serait la moralité d'une disposition pareille ? Elle violerait tous les principes de l'équité. Il est possible que sans elle les époux eussent évité le divorce, on les y pousserait malgré eux.» Rapport sur la proposition de loi de M. Naquet, ayant pour objet de modifier l'article 310 du Code civil sur le divorce par M. Alfred Naquet sénateur (Séance du 6 juillet 1886, pag. 18).

l'auteur même de la loi du divorce, M. Naquet, aurait pu servir de devise au législateur de 1893. Trop de causes y poussent déjà : la contagion de l'exemple, l'affaiblissement des idées religieuses, le désir très vif chez les époux malheureux de se créer un nouveau foyer où sera enfin satisfait leur besoin d'aimer et d'être aimés. Il ne faut pas que l'impossibilité pour la femme de trouver une situation «habitable» dans la séparation de corps vienne s'ajouter à toutes ces causes et augmenter le nombre des époux désunis qui cherchent la solution à leurs maux dans une rupture complète du lien conjugal.

Les inconvénients du divorce sont en effet nombreux ; les catholiques n'ont pas été les seuls à les signaler et à s'en plaindre. Des hommes, cependant très soucieux de maintenir à la législation française son caractère de neutralité au point de vue religieux, et qu'on ne saurait, sans injustice, accuser de rêver la prédominance de la religion catholique sur les religions rivales ou sa main-mise sur l'Etat, se sont montrés les adversaires déterminés de cette institution. Pour ne citer que les plus connus, MM. Jules Simon et Glasson, en se plaçant uniquement au point de vue de l'intérêt social et de la morale naturelle, ont porté sur le divorce des jugements impitoyables.

Ils ont parlé des enfants traités en étrangers par leurs parents remariés, à qui ils ont le tort, par leur seule présence, de rappeler un passé douloureux, livrés à eux-mêmes dès leurs plus jeunes années, sans surveillance et sans affection. Ils nous ont prouvé, des statistiques en mains, que le divorce conduisait fatalement à l'abus du divorce, et qu'institué par les législateurs pour dénouer des situations intolérables, il finissait par être employé pour mettre fin à des conflits légers que le temps ou un peu de bonne volonté chez les conjoints auraient suffi à terminer. D'après eux, en somme, il en serait du divorce comme de la morphine : après s'en être servi pour calmer d'atroces souffrances, on en arriverait fatalement à s'en servir sans raison sérieuse et presque par plaisir[1].

Cette crainte, exprimée par M. Glasson[2] avant le vote de la loi Naquet, en 1881, avait malheureusement été justifiée par l'événement, une fois la loi sur le divorce réinscrite dans le Code.

Voici, année par année, le nombre des divorces de 1884 à 1891 :

En 1884.... 1657 divorces (en cinq mois).
     1885.... 4277   57 pour 100.000 mariages.
     1886.... 2950   40   —
     1887.... 3636   50   —
     1888.... 4708   60   —
     1889.... 4786   60   —
     1890.... 5457   73   —
     1891.... 5752   77   —

On voit donc que, si on excepte de ce tableau les deux premières années, où le nombre des divorces devait être forcément très considérable, un assez long passé étant à liquider, depuis le rétablissement de cette institution, en 6 ans, de 1886 à 1891 inclus, le nombre des divorces avait presque doublé.

---

[1] D'autres critiques ont été adressées au divorce : « Le divorce altère l'affection que les époux se sont promise, favorise leur inconstance, compromet l'avenir des enfants, produit des ferments de discorde dans la famille. Si l'on reconnaît, ce qui est incontestable, que le mariage est une institution de droit naturel, ne doit-on pas rejeter une autre institution qui en serait le dissolvant ? » Massol ; *De la séparation de corps*, pag. 5.

[2] Glasson ; *Le mariage civil et le divorce*, pag. 470.

Cette progression, qui constituait une véritable menace pour la famille, était de nature à effrayer les partisans du divorce eux-mêmes, puisqu'ils n'avaient vu dans le divorce qu'un remède extrême dont il ne fallait user qu'avec la plus rigoureuse modération. Du reste, ayant invoqué le principe de la liberté de conscience pour le faire introduire dans nos lois, ils auraient été mal venus à repousser une réforme ayant pour but, en partie, de sauvegarder précisément la liberté de conscience des catholiques, ils devaient donc s'associer aux adversaires du divorce qui, impuissants à le faire repousser, voulaient du moins, dans la mesure du possible, entraver ses progrès et demander avec eux qu'on fit à la femme séparée une situation à la fois plus tranquille et plus heureuse.

Ils pensèrent que le jour où la femme séparée n'aurait rien à envier à la femme divorcée, au point de vue de l'indépendance, une partie de sa clientèle serait enlevée au divorce au profit de la séparation [1].

Ces prévisions devaient vraisemblablement se réaliser.

La séparation de corps, qui est l'unique ressource des catholiques désireux de s'affranchir de l'obligation d'une cohabitation devenue impossible sans manquer à leurs devoirs religieux, offre, en effet, aux personnes apparte-

---

[1] Il n'est pas exact de dire que, depuis le rétablissement du divorce, peu de personnes recourent encore à la séparation.

Tout ce qu'on peut dire, c'est que, depuis le rétablissement du divorce jusqu'en 1893, par suite sans doute du régime défectueux de la séparation, celle-ci avait perdu du terrain au profit du premier, c'est ce que prouve le tableau suivant :

	Divorces	Séparations
1885...............	4277	2122
1886...............	2950	2206
1887...............	3636	1896
1888...............	4708	1694

nant à un autre culte, ou même vivant en dehors de toute
religion, des avantages qui peuvent la leur faire préférer
au divorce. Quelques-unes de ces personnes — ce ne sont
pas les plus nombreuses avouons-le — conservant au
fond du cœur le vague espoir d'une réconciliation, recu-
lent devant la perspective d'une rupture complète et définitive du lien conjugal et préfèrent, à avantages juridiques
égaux, la séparation, qui n'a pour conséquence que de
relâcher ce lien, au divorce, qui a pour conséquence de
le briser.

La séparation donne de plus, à un époux, un moyen
facile de déjouer le vilain calcul d'un conjoint qui n'aurait pas hésité à le pousser, à force de mauvais procédés,
à demander contre lui le divorce, de façon à recouvrer sa
pleine liberté en vue d'un second mariage. Sentiment de
haine, a dit M. Naquet, envisageant l'hypothèse d'une
femme qui se contente de la séparation pour ne pas accé-
der au désir de son mari, qui veut être délié du lien conjugal. Ce mot nous paraît injuste. Outre qu'il y a dans ce
cas pour l'épouse irréprochable une question de dignité
à ne pas prêter la main à la réalisation de ce plan, l'affection maternelle, lorsqu'il existe des enfants[1], peut la
détourner du divorce. Le premier mariage dissous et le
mari ayant contracté une nouvelle union, de cette union
des enfants pourraient naître qui, à la mort du père,
viendraient à sa succession au même titre que ceux nés

---

[1] La considération des enfants joue en effet, en cette matière, un rôle
important, qu'il n'est pas possible d'oublier.

La statistique nous apprend que, en 1885, sur 100 cas de séparation,
il y avait des enfants dans 63 cas et absence d'enfants dans 37 ; qu'en
1888, sur 100 cas de divorce, 47 ménages sans enfants, et sur 100 cas de
séparation, 34 ménages sans enfants seulement.

du précédent mariage, avec des droits au moins égaux et quelquefois avec des droits supérieurs (le père ayant testé en leur faveur). Cette crainte, celle des reproches que, dans ce cas, ses enfants pourraient lui adresser, ne suffisent-elles pas à expliquer les préférences de cette femme pour la séparation de corps, qui laissera subsister pour le mari l'impossibilité de se remarier, elle vivant encore ?

Ces considérations religieuses ou morales, si puissantes soient-elles, n'avaient prise que sur un nombre de plus en plus restreint de femmes avant 1893. Beaucoup étaient détournées de la séparation par la crainte des abus probables de la puissance maritale, une fois la séparation prononcée. Faire cesser ces abus, c'était donc faire œuvre de tolérance religieuse et de défense sociale contre le divorce.

Les idées que nous venons d'exposer ont été maintes fois mises en lumière au cours de la discussion ; les reproduire textuellement sera le meilleur moyen de prouver la fidélité de notre traduction.

« En rétablissant le divorce, disait M. Paris, la majorité du Sénat — et je n'aurais pas fait partie de la majorité si j'avais siégé alors parmi vous — la majorité du Sénat dis-je a voulu cependant respecter la conscience des époux malheureux qui croient à l'indissolubilité du mariage ; elle a voulu leur laisser la liberté de chercher dans la séparation un remède à une situation devenue intolérable ; afin d'établir cette liberté dans sa plénitude, vous voudrez, partisans du divorce, créer pour la femme séparée de corps une situation qui soit à la fois digne et praticable. S'il en était autrement et si, après avoir accordé à la femme divorcée une complète indépendance, vous mainteniez inutilement la femme séparée dans un état d'incapacité aussi grand que pendant la vie commune, vous arriveriez à ne créer qu'une liberté de choix plus apparente que réelle ; vous pousseriez la femme qui ne recherche dans la séparation que le moyen d'échapper à l'oppression, à se laisser entraîner à préférer le divorce, qu'elle réprouve mais qui seul assurerait sa sécurité.

« Au nom de la liberté de conscience, je vous demande de suivre le conseil que vous donnait en première lecture l'auteur même de la loi sur le divorce, l'honorable M. Naquet, d'accorder à la femme séparée, au point de vue de la gestion de ses biens, la même liberté qu'à la femme divorcée. » (Séance du 18 janvier 1887. Sénat, *Débats parlementaires*, pag. 22, C. 3).

Le même orateur ajoutait (Séance du 25 janvier 1887), « Messieurs, quel est donc le but de la loi qui vous est présentée ? Pourquoi la proposition ? Est-ce que ce n'était pas pour faciliter la séparation vis-à-vis de certaines consciences qui veulent rester fidèles au principe de l'indissolubilité du mariage ? Est-ce que ce n'était pas pour favoriser la séparation de ce corps au détriment du divorce ? Quelle serait donc l'utilité de la proposition si elle n'avait pas ce but ? Non, elle n'avait pas d'autre but, et par conséquent votre proposition n'aurait-elle pas cet avantage, que nous ne voyons pas quel inconvénient elle présenterait. Est-ce qu'à ce point de vue nous ne rentrerions pas dans la pensée qui a inspiré la proposition primitive ? »

La même pensée se retrouve avec quelques variantes d'expression dans le rapport lu à la Chambre par M. Arnault et dans le discours prononcé au Sénat par M. Falcimaigne.

Voici le passage du rapport de M. Arnault, qui a trait à notre sujet :

« Le divorce est rétabli, et ce rétablissement a donné une nouvelle physionomie au problème. Il ne s'agit plus d'améliorer la séparation de corps en elle-même et vis-à-vis du mariage indissoluble, il s'agit, pour les partisans comme pour les adversaires du divorce, de ne pas pousser, de ne pas contraindre au divorce, de ne plus laisser la séparation dans un tel état d'insuffisance et d'infériorité, qu'elle serait un fait bientôt rejeté de la pratique, excepté pour quelques victimes volontaires de l'injustice du législateur et de la perpétuité du mariage ».

« La pensée de la loi, disait au Sénat M. Falcimaigne, commissaire du Gouvernement, a été d'améliorer le régime de la séparation de corps pour ne point obliger les époux à recourir toujours et dans tous les cas au divorce. Par conséquent, la pensée première de la loi est une pensée de haute moralité sociale, et il ne faudrait rien faire pour compromettre ce résultat, car on peut dire aujourd'hui que l'expérience est faite ; on peut dire, huit années après le rétablissement du divorce, que la séparation de corps compte encore de nombreux partisans. Si vous comparez, en effet, les chiffres fournis par la statistique, vous verrez que le nombre des séparations de corps n'est pas de beaucoup inférieur à celui des divorces. Je crois, Messieurs, que la législature ferait une œuvre bonne en encourageant cette tendance, puisqu'il est, je le répète, d'utilité et de haute moralité sociale d'encourager un régime qui entretient, si légère puisse-t-elle être, l'espérance de la réconciliation, qui permet à l'époux outragé de pardonner. »

II.

Nous avons dit que, précédemment à la réforme qui fait
l'objet de cette étude, la réglementation de la séparation
de corps donnait lieu à des abus fort regrettables déjà
avant le rétablissement du divorce, plus regrettables
depuis, puisqu'ils avaient pour conséquence de pousser
au divorce certaines femmes qui par goût eussent opté
pour la séparation. Pour connaître ces abus, jetons un
coup d'œil rapide sur la situation qui était faite par le
Code civil à la femme séparée de corps.

Au point de vue de ses droits personnels, sa situation
était celle de toute femme mariée, sauf qu'elle était dispensée du devoir de cohabitation. Au point de vue de ses
intérêts pécuniaires, sa situation était exactement celle
de la femme séparée de biens principalement soit par
contrat, soit par jugement ; sa capacité comme celle de
la femme séparée de biens se bornait aux actes d'administration.

Ayant acquis un droit de libre administration, elle
pouvait sans autorisation toucher ses revenus, louer ses
immeubles pour une durée qui ne pouvait excéder 9 ans,
recevoir et poursuivre le remboursement de ses capitaux
mobiliers, disposer de ses meubles corporels à titre onéreux pour un besoin d'administration. Elle pouvait également s'obliger, à condition que ce fût dans la limite de
ses pouvoirs d'administration. Mais cette faculté de
s'obliger pour l'administration de ses biens se trouvait
considérablement restreinte en pratique par la prudence
des tiers avec lesquels la femme contractait, et qui, n'étant
pas sûrs que la femme ne franchît pas les limites indé-

cises de sa capacité, pour ne pas voir, dans la suite, les engagements de la femme envers eux annulés, lui imposaient l'obligation de se faire autoriser par son mari, ou, au refus de celui-ci, par la justice.

En fait donc, pour presque tous les actes d'obligation, en droit pour un certain nombre d'entre eux et pour tous les actes de disposition (vente, hypothèque, donation, etc.), la femme était obligée d'avoir recours à son mari.

Elle y était toujours contrainte quand il s'agissait d'un contrat engageant plus ou moins directement sa personne, louage de service, engagement théâtral, formation d'une société commerciale avec un tiers, etc. On se demandait même, à propos de cette dernière catégorie d'actes, s'il était permis à la femme d'en appeler à la justice d'un refus du mari.

Or, il est bien évident qu'après la séparation le mari ne peut plus être ce conseiller, avant tout soucieux des intérêts de sa femme — qui sont en partie les siens et qui sont ceux de ses enfants — dont les conseils, n'étant jamais dictés que par l'affection, peuvent être sollicités par la femme sans humiliation, puisqu'en les sollicitant elle a plutôt l'air d'obéir à un élan spontané qu'à une prescription légale.

Après la séparation, l'affection, même chez les meilleurs, fait place à l'indifférence ou à la haine. Le mari cesse d'être le conseiller et le protecteur dévoué, pour devenir l'adversaire tantôt déclaré, tantôt sournois.

C'était un fait d'expérience avant la loi de 1893, que l'autorité maritale, maintenue après la séparation, à partir de cet événement, n'était plus un moyen de contrôle entre les mains du mari, mais un moyen de tracasseries ou de chantage.

Représentons-nous, en effet, l'état d'esprit du mari et ses sentiments à l'égard de la femme d'avec laquelle il est séparé de corps. Est-ce un mari irréprochable, les torts sont-ils tout entiers du côté de la femme, et la séparation a-t-elle été prononcée à son profit à lui ? Il a une vengeance à exercer contre celle par la faute de qui il a vu son foyer détruit. Au contraire, a-t-il eu des torts graves envers sa femme ? Il en veut à celle-ci d'avoir étalé au grand jour de l'audience ses brutalités ou ses débauches, et il cherchera par tous les moyens à satisfaire sa rancune.

Que devenait l'autorité maritale ainsi exercée par des maris aigris, soit par les malheurs conjugaux qui les avaient acculés à la séparation, soit par la lutte judiciaire dont ils étaient sortis vaincus et flétris ?

Certains maris, de parti pris, refusaient leur autorisation quelque avantageux que fût l'acte pour lequel cette autorisation était sollicitée, ou bien, par un raffinement de cruauté, se faisaient un malin plaisir de la faire attendre au de là des justes limites, quittes, au dernier moment, à la refuser pour obliger la femme à s'adresser à la justice, ce qui retardait encore la solution de l'affaire et entraînait des frais. Il n'était pas rare non plus de voir des maris que le souci de leur dignité ne préoccupait guère, spéculant sur le désir qu'avait leur femme d'obtenir dans un bref délai une autorisation ou de soustraire à l'examen de la justice une opération que celle-ci eût forcément désapprouvée, battre monnaie avec la puissance maritale et se faire payer leur autorisation à un prix d'autant plus élevé que la femme était plus pressée ou que l'opération projetée était plus onéreuse ou plus dangereuse pour elle.

Les plus dignes, ne voulant plus rien avoir à faire avec

la femme qu'ils détestaient, obligés cependant de donner ou de refuser une autorisation, la donnaient toujours, sans examen, et comme pour se débarrasser d'une formalité gênante.

Donnée par indifférence, refusée ou retardée par esprit de rancune, vendue à beaux deniers comptants par basse cupidité, l'autorisation maritale n'avait plus aucune raison d'être, elle ne réalisait plus le but qu'avait poursuivi le législateur en l'instituant ; elle devait donc être supprimée.

Peut-être aurait-on dû la supprimer alors même que ces abus n'eussent pas existé et simplement pour dispenser la femme séparée d'une démarche humiliante. Qui ne voit combien devait être pénible, pour la femme, cette obligation de faire connaître à celui qu'elle considérait comme un étranger ou comme un ennemi, la plupart des actes juridiques qu'elle se disposait à accomplir et de s'incliner devant cette puissance maritale, dont peut-être elle avait eu à se plaindre pendant la durée de la vie commune, et qui, en tout cas, lui était devenue suspecte depuis !

La loi de 1893, en restituant à la femme séparée le libre exercice de sa capacité, a fait cesser cet état de choses!

Désormais, la femme séparée n'aura plus besoin de se faire habiliter par son mari. A une exception près, tenant à l'adoption du régime dotal, elle a, sur son patrimoine, les mêmes droits qu'elle avait jeune fille ou qu'elle aurait divorcée. Ses biens sont libres, sa personne — ce qui, peut-être, est moins logique (Voir Cabouat) [1] l'est aussi, seules survivent les obligations dérivant du mariage

---

[1] *Lois Nouvelles,* année 1893, pag. 309.

lui-même, obligation de fidélité et obligation de secours
et d'assistance.

En somme, la puissance maritale cesse de s'exercer.

S'il avait eu besoin d'arguments historiques pour justifier sa réforme, le législateur de 1893 en aurait trouvé
un singulièrement puissant dans le droit coutumier
français. Restituer à la femme séparée sa capacité,
ce n'était pas faire œuvre de révolutionnaire, c'était
emprunter au vieux droit une de ses règles les plus
sages.

Voici, en effet, comment s'exprimait la coutume de
Paris.

Art. 224. — La femme ne peut ester en jugement sans
le consentement de son mari, si elle n'est autorisée ou
séparée en justice.

Art. 234. — La femme mariée ne se peut obliger sans
le consentement de son mari, si elle n'est séparée par
effet.

Avant la réformation de la coutume, c'est-à-dire jusqu'en 1580, on interpréta ces textes en disant que, séparée de biens, soit principalement, soit accessoirement, la
femme pouvait librement s'obliger ou ester en justice
sans avoir besoin d'aucune autorisation[1].

Après 1580[2], un assez grand nombre de coutumes,

---

[1] Voir Laurière; *Note sur l'article 234 de la Coutume de Paris*, II,
pag. 221, édition 1777. — Voir aussi Dumoulin; *Notes sur les articles
170 et 232 de la Coutume du Bourbonnais* « Facta separatione mulier
non est amplius in potestate mariti ».

[2] « On tient aujourd'hui pour maxime que la séparation n'opère précisément que ce que l'émancipation produit à l'égard des mineurs qui ne
les autorise que pour la libre administration de leurs revenus ».— Lau-
riole; *Note sur la maxime 24 de Loysel.*

celles de Montargis, de Dunois, de Sedan, par exemple, restèrent fidèles à cette tradition et celles qui rompirent avec elle, continuèrent néanmoins à admettre que la femme séparée pouvait agir en justice sans l'autorisation de son mari [1].

En face du divorce, pour obvier à des abus plus nombreux à raison même de notre degré plus élevé de civilisation et sous la poussée de ces idées d'émancipation féminine, plus fortes aujourd'hui qu'elles ne l'ont jamais été, n'était-il pas permis au législateur de 1893 de faire ce qu'avaient fait les rédacteurs de nos coutumes, à une époque où les abus de l'autorité maritale ne pouvaient pas se produire aussi fréquemment, les transactions étant plus rares, où ces abus ne pouvaient que détourner la femme de la séparation — ce qui était un résultat heureux — sans la pousser au divorce, qui n'existait pas, et où la restitution de sa capacité à la femme séparée pouvait paraître une chose grave, étant donné les idées qui, alors, avaient cours sur l'incapacité naturelle de la femme ?

La différence des temps et des mœurs, bien loin d'en affaiblir la portée, ne fait donc que donner un surcroît de puissance à cet argument historique.

Aux arguments pratiques mis en avant par les partisans de l'indépendance juridique de la femme séparée — car l'argument historique que nous avons indiqué n'a jamais été produit au cours des travaux préparatoires — que répondaient les adversaires de cette innovation ?

Quelques-uns reculaient devant une réforme dont la conséquence, disaient-ils, pouvait être pour la femme

---

[1] Pothier ; *Puissance du mari*, n° 61. — Ferrière ; *Corps et compilation de tous les commentaires sur la coutume de Paris, sur l'art.* 24; Glose, n°ˢ 1, 2, 30 ; II, pag. 521.

séparée de corps, la liberté d'accepter des donations déterminées par des motifs inavouables. Mais, outre qu'il eût
été possible de leur accorder satisfaction, sans pour cela
maintenir la femme séparée de corps sous le régime de
l'incapacité, on leur fit observer que les donations
déterminées par des motifs de ce genre sont faites généralement sous forme de dons manuels, la femme se
gardant bien d'accepter une donation de telle nature que,
pour établir ses droits sur la chose donnée, il lui serait
nécessaire d'étaler, aux yeux de tous, son déshonneur.

Le plus grand nombre exprimaient la crainte que la
femme, devenue capable, n'abusât de sa capacité pour
compromettre ses intérêts, se ruiner et nuire ainsi à son
mari et à ses enfants.

Sans s'en douter, ils se faisaient l'écho de cette opinion, cependant reconnue fausse aujourd'hui par tout le
monde, d'après laquelle la femme serait hors d'état de
gérer convenablement sa fortune et serait atteinte d'une
incapacité de fait qui justifierait et rendrait nécessaire une
incapacité de droit.

Voyons quels étaient ces arguments.

La séparation de corps n'est pas, comme le divorce, un
état définitif et irrévocable ; elle peut prendre fin par la
réconciliation des deux époux. Il est même désirable, dans
l'intérêt de la famille, et, partant, de la société elle-même,
que cette éventualité heureuse se produise. Tout ce qui
peut contribuer à la faire naître doit être vu d'un œil
favorable par le législateur ; tout ce qui serait de nature
à l'empêcher ou à la retarder doit, au contraire, être écarté
par lui. Or, il n'est pas impossible qu'abusant de la
liberté dont elle jouit, la femme qui a reconquis sa **capa-**

cité se mette dans une situation pécuniaire qui fasse obstacle au rapprochement.

Quand, sous le régime de l'incapacité, la femme vient à se ruiner, le mari ne peut s'en prendre qu'à lui-même ou aux événements contraires de ce résultat, puisqu'il avait dans sa puissance maritale un moyen de conjurer ce malheur, au cas où ce malheur aurait pu être conjuré. Mais que la femme séparée, vivant sous un régime de complète indépendance, vienne à perdre sa fortune, le mari sera tenté d'attribuer la ruine de sa femme à son insouciance, à son ignorance ou à son incurie, et, dans ce cas, croit-on qu'il montre beaucoup d'empressement ou d'enthousiasme à reprendre sa femme qui, par suite, pense-t-il, de sa mauvaise gestion, ne pourrait rentrer chez lui que les mains vides ?

Laurière, commentant l'article 224 de la Coutume de Paris, avait déjà exprimé cette idée sous une forme d'une amusante naïveté : « Il serait dangereux, disait-il, que pendant que les choses sont ainsi en suspens, il fût permis à la femme d'aliéner ses immeubles et, en se ruinant, de se mettre hors d'état de retourner avec son mari, qui ne voudra plus la reprendre si elle n'a plus rien ».

Sous une forme plus atténuée nous retrouvons cette pensée dans un discours de M. Allon : « Il est impossible de laisser à la femme la libre disposition de ses biens. Il faut sauver l'avenir des enfants et même, dans les familles où il n'y en a pas, préserver la dot de la femme en vue d'une réconciliation dont on ne doit jamais perdre l'espérance ».

La ruine de la femme aurait du reste, ajoutaient-ils, une autre conséquence presque aussi regrettable, ce serait de la mettre hors d'état de satisfaire à l'une des obligations qui, dérivant du mariage, survivent à la séparation comme y survit le mariage lui-même. Nous voulons parler de l'obligation de secours et d'assistance, mentionnée dans l'article 202.

A cet argument nous ferons cette double réponse : Le mari, tout aussi bien que la femme, est tenu à la dette alimentaire, l'obligation dont nous parlons étant corrélative. Eh bien, quelles précautions prend-on à son encontre, quelles garanties exige-t-on de lui ? Le principe de l'égalité des sexes s'oppose à ce qu'on prenne contre la femme des mesures qu'on ne prendrait pas contre le mari, ou exige qu'on prenne contre le mari les mesures qu'on prendrait contre la femme. Si donc, en vue d'une pension alimentaire à payer, on était d'avis qu'il convient de limiter la capacité de la femme, on devrait décider aussi qu'il convient de limiter pareillement et dans le même but la capacité du mari. Or, personne n'oserait demander qu'en vue d'une éventualité qui, la plupart du temps, ne se produira pas, le législateur impose cette gêne au mari. Pourquoi donc l'aurait-il imposée à la femme ?

La seconde réponse est celle-ci :

Au cas où une pension alimentaire serait mise à la charge de la femme, à la suite d'une demande judiciaire formée par le mari tombé dans la misère postérieurement à la séparation, les Tribunaux peuvent faire, dans l'intérêt du mari, comme ils pourraient le faire, au cas contraire, dans l'intérêt de la femme, si son hypothèque légale ne lui suffisait pas, ce que la loi n'a pas fait directement et exiger de la femme des garanties : affectation d'un capital ou caution, qui mettraient le mari à l'abri non pas, bien entendu, d'une insolvabilité réelle de la femme, puisque, dans ce cas, l'obligation alimentaire cesserait d'être due, mais à l'abri d'une insolvabilité simulée.

Une autre objection a été faite contre la capacité de la femme séparée de corps.

Après la séparation et la liquidation de la communauté, il peut exister des gains de survie ; si la femme, ayant dévoré son patrimoine, meurt insolvable, comment le mari survivant pourra-t-il exercer ses droits ?

Cet argument paraît d'autant plus puissant que, tandis que le mari n'a aucune garantie contre l'insolvabilité possible de la femme, la femme, elle, en a deux contre l'insolvabilité possible de son mari, puisque l'hypothèque légale de la femme continue à grever les immeubles du mari, même après la séparation et que l'article 1518 astreint le mari à fournir caution pour assurer la restitution des valeurs préciputaires à la femme séparée de corps.

Ces garanties au profit de la femme, qui se comprennent fort bien dans l'hypothèse où le mari peut contrôler les actes de sa femme et la retenir sur le chemin de la ruine, ne sont pas conciliables avec l'idée de la suppression de la puissance maritale.

A cela on peut répliquer : Nous ne nions pas que ces garanties ne fassent au mari — dans le système de la pleine capacité de la femme séparée — une situation inférieure à celle de la femme. Nous ne nous opposerions donc pas à ce qu'elles disparaissent ou soient données au mari contre la femme séparée de corps ; mais ce n'est pas une raison parce qu'elles existent et seulement au profit du mari pour qu'on retienne la femme séparée dans un état de dépendance et d'incapacité. La charge qu'impose au mari le maintien d'une hypothèque

générale, si lourde soit-elle, ne peut pas entrer en ligne
de compte avec celle qui pèserait sur la femme séparée,
si pour presque tous les actes juridiques elle était contrainte à continuer à se munir d'une autorisation de son
mari ou de justice.

On a fait valoir encore, contre la restitution de sa capacité à la femme séparée, l'intérêt des enfants. Nous pourrions produire ici le même raisonnement que nous avons
déjà produit et dire que le législateur avait le droit de
manifester la même confiance dans l'affection maternelle
que dans l'affection paternelle et dans l'habilité de la
femme à gérer ses affaires que dans l'habilité du mari
à gérer les siennes. Mais, un argument d'analogie singulièrement plus fort, si on se place au point de vue
du but poursuivi par les auteurs de la proposition qui a
donné naissance à la loi du 6 février, a été mis en évi-
dence par M. Falcimaigne : « Si le danger de rendre à la
femme divorcée la libre administration de sa fortune,
quels que fussent les périls de cette mesure pour les
enfants, n'a pas effrayé le législateur de 1884, je ne crois
pas que, dans l'hypothèse atténuée de la séparation de
corps, le souci de l'intérêt des enfants doive nous permettre de faire ce que l'on n'a pas fait à l'égard de la
femme divorcée » [1].

On voit donc que, parmi les objections formulées contre

---

[1] Le mari et la famille ne sont du reste pas désarmés contre un pareil
péril. Le droit commun leur fournit des armes suffisantes. « L'interdiction ou la nomination d'un conseil judiciaire arrêteront net toute prodigalité ou mettront fin sur-le-champ aux erreurs d'une administration
désastreuse ; et, s'il est nécessaire, l'institution de la réserve limitera
dans une juste mesure l'usage excessif que la femme pourrait être tentée
de faire de son droit de disposer à titre gratuit ».
Cabouat ; *Lois Nouvelles*, année 1893, pag. 306.

la restitution de sa capacité civile à la femme séparée, aucune n'était vraiment sérieuse, puisqu'à chacune d'elles une réplique décisive pouvait être adressée.

Sans inconvénients pratiques sérieux, outre l'avantage important que nous lui avons reconnu d'être pleinement efficace pour enrayer le courant qui paraît se former en faveur du divorce, peut-être cette innovation en a-t-elle un autre sur lequel les auteurs ont eu le tort, selon nous, de garder le silence.

Nous avons vu qu'un des principaux arguments qu'ont fait valoir les adversaires de la capacité est celui-ci : les dilapidations possibles de la femme, en conduisant celle-ci à la ruine, ne pourront-elles pas rendre la réconciliation impossible, ou en tout cas plus malaisée ? Cette perspective de la réconciliation, qui paraît mériter que le législateur fasse quelques sacrifices pour en faciliter la réalisation, aurait pu fournir un motif de décision autrement puissant aux partisans de la capacité. Ils auraient pu dire ceci : Le meilleur moyen de permettre au temps d'accomplir son œuvre d'apaisement en effaçant peu à peu les souvenirs du passé, n'est-ce pas de séparer si bien les deux époux que non seulement aucun conflit nouveau ne puisse s'élever, mais que rien ne vienne leur rappeler les conflits qui se sont élevés entre eux pendant la durée de la vie commune ?

Supposez qu'après la séparation, la femme, dans certaines circonstances, soit contrainte d'avoir recours à son mari, les souvenirs qu'on désire voir s'effacer renaîtront et la réconciliation sera par ce seul fait retardée.

Supposez, au contraire, que dans aucune circonstance la femme n'ait besoin de recourir à son mari, non seulement sa colère contre lui ne risquera plus de s'aggraver, mais les causes antérieures de sa rancune ne tarderont pas à perdre de leur empire sur son âme, les blessures d'amour-propre qu'elle pourrait avoir reçues peu à peu se cicatriseront, et il n'est pas impossible que l'idée d'un rapprochement avec celui qu'elle a détesté prenne un jour naissance dans son esprit apaisé et calmé, oublieux des anciens griefs et des haines anciennes.

Rendre la femme séparée absolument indépendante, ce n'est pas compromettre la réconciliation, c'est la rendre possible et la hâter.

III.

Si le législateur de 1893, pour défendre son œuvre et justifier sa réforme, s'était tenu sur le terrain des intérêts pratiques, s'était borné à dire : Je tiens à rapprocher la séparation du divorce autant que le permet dans la première de ces deux institutions le maintien du lien conjugal de façon que la femme puisse opter entre les deux sans avoir souci d'aucune préoccupation juridique, son raisonnement eût été irréprochable.

Mais il s'est montré plus exigeant, il a eu la prétention de placer son œuvre sous le patronage des auteurs du Code civil. Il a voulu nous persuader que, s'il innovait, c'était dans le sens des principes posés par ces auteurs, qu'il n'apportait pas une contradiction dans leur œuvre, qu'au contraire il en supprimait une.

Le rapport de M. Flourens au Conseil d'État, rapport qui est le document le plus important que nous possédions sur les travaux préparatoires de la loi, puisque c'est ce rapport qui a ouvert au législateur la voie dans laquelle il s'est engagé, contient un assez long passage destiné à prouver que c'est respecter les intentions qu'a eues le législateur du Code civil en posant la règle de l'incapacité de la femme mariée que de soustraire la femme séparée à l'application de cette règle.

Ce passage mérite d'être transcrit :

« Sur quels motifs repose donc l'obligation pour la femme de se faire autoriser? Est-elle présumée incapable de gérer sa fortune? Évidemment non. Qu'elle devienne veuve, qu'elle obtienne le divorce, elle reprendra immédiatement le plein exercice de ses droits. Est-ce dans l'intérêt des enfants? Pas davantage. L'absence d'enfants ou leurs prédécès n'accroît en rien la capacité civile de la femme, pas plus que leur survenance ne la restreint. La raison d'être de l'autorisation maritale réside exclusivement — et sur ce point il n'y a point de contestations — dans la nécessité d'assurer l'unité de direction dans cette société de deux personnes, qui se forme par le mariage et qui s'appelle l'association conjugale, unité indispensable à la paix et à l'honneur du ménage comme à la bonne gestion des intérêts matrimoniaux.

» Il y a là une nécessité qui légitime la subordination de la femme au mari, sa privation momentanée du libre exercice de ses droits civils. Mais, si l'on reconnaît que telle est la raison d'être unique de l'autorisation maritale, il faut convenir que rien n'explique plus le retrait à une personne reconnue capable du plein exercice de ses droits, dès que cette unité de direction est devenue manifestement impossible, que les époux ont renoncé à tout ce qui constitue l'association de vie et d'intérêts,— qu'ils se sont créé des domiciles distincts, qu'ils ont répudié jusqu'à la communauté du nom.

» Sans doute, objecte-t-on, l'association d'intérêts

qu'avait fait naître le mariage disparaît, mais elle ne disparaît pas sans espoir de réconciliation. Il faut conserver
intact le patrimoine de la femme en vue de cet espoir. Il
faut le conserver encore pour garantir la créance d'aliments que le mari, s'il se ruine, peut avoir à exercer contre sa femme. Il faut le conserver dans l'intérêt des enfants
communs, s'il y en a, ou de ceux qui pourraient naître,
après réconciliation, s'il n'y en a pas, car il convient de
ne pas perdre de vue que le père de ces enfants a le droit
de dissiper tous ses biens.

» C'est un raisonnement qui conduit à des conséquences
devant lesquelles reculeraient ceux mêmes qui le produi-
sent. Il consiste en définitive à dire ceci : Nous reconnais-
sons théoriquement que la capacité civile de la femme ne
doit être suspendue que pour assurer l'unité de direction
dans les affaires du ménage ; pratiquement, nous estimons
qu'il est opportun de la maintenir en vue d'intérêts d'un
tout autre ordre. En réalité, nous pensons que la femme
n'offre pas de garanties sérieuses pour la gestion d'un
patrimoine et qu'il faut, autant que possible, la placer sous
la tutelle ou du mari, ou mieux encore de la justice.

» La vérité est que l'incapacité civile de la femme n'a
et ne peut avoir qu'une seule justification : l'avantage de
concentrer entre les mains du mari la direction de la fortune entière de l'association conjugale, soit qu'elle appartienne au mari, soit qu'elle appartienne à la femme, soit
qu'elle soit le patrimoine de la communauté ou de la
société d'acquêts. Mais, une fois cette unité de direction
devenue impossible par le fait de la séparation de corps
et de biens, la femme doit reprendre le plein exercice de
sa capacité civile, et la perpétuation de son état de tutelle
est aussi contraire à la logique qu'à ses intérêts (Rapport
de M. Flourens) ».

Si ce n'était là qu'une tactique ayant pour but de vaincre les derniers scrupules des jurisconsultes trop pieusement attachés aux principes du Code civil, on ne peut nier que la tactique ne fût habile.

Comment ces jurisconsultes auraient-ils pu sérieusement blâmer une réforme qu'on leur présentait comme découlant de ces principes mêmes et se plaindre d'une modification faite conformément à l'esprit de la loi ancienne.

On ne trouve trace nulle part, du reste, dans les discussions qui ont eu lieu soit à la Chambre, soit au Sénat, à propos de la loi de 1893, d'une réfutation quelconque de la théorie erronée émise par M. Flourens. Le rapport de M. Arnault se borne à dire « que désormais l'incapacité de la femme mariée se rattache non plus à cet ensemble qui s'appelle le mariage, mais au ménage, à la vie commune », ce qui laisse entendre qu'il y a exception aux principes du Code civil, mais sans l'indiquer d'une façon formelle.

C'est M. Cabouat qui, le premier, a démontré que le principe de l'unité de direction auquel on prétendait rattacher la règle de l'incapacité de la femme mariée n'avait en réalité exercé aucune influence sur l'esprit du législateur de 1803.

Il a démontré que, malgré des apparences trompeuses, le régime qui paraît le plus se rapprocher du type d'une société : le régime de Communauté, au point de vue de l'égalité des droits chez les associés, n'était pas une véritable société, et que, même sous ce régime, la nécessité d'une direction unique n'était pas la raison qui avait fait déclarer la femme mariée incapable. Il a démontré ensuite, par l'exemple du régime de séparation de biens, que, même quand chaque époux avait la direction exclusive de son patrimoine, l'incapacité de la femme n'en existait pas moins, ce qui conduit à conclure qu'il est impossible de rattacher la règle de l'incapacité de la femme mariée au prétendu principe de l'unité de direction.

Voici comment raisonne cet auteur :

« Il est vrai qu'à ne considérer que le régime de communauté, on pourrait être tenté d'adhérer à l'idée développée par le rapporteur du Conseil d'État. Sous ce régime, en effet, les époux collaborent de concert à la gestion de leurs intérêts. Et, bien que la femme soit frappée d'incapacité légale, il n'en résulte nullement que le mari soit, en fait, le chef autocratique de l'association conjugale.

» Le plus souvent, les époux concourrent sur le pied d'une égalité au moins morale à la gestion de leurs intérêts communs ou personnels. Le législateur prévoit lui-même que la femme peut engager la communauté, en vertu du mandat exprès ou tacite du mari, et, s'il n'établit aucune obligation de rendre compte à la charge du mari considéré comme chef de communauté, c'est sans doute à raison de la difficulté à peu près insoluble d'établir nettement sa responsabilité personnelle, dans la dissipation de l'actif de la communauté, tant est fréquente et entrée dans les mœurs la participation des époux à l'administration des affaires communes (Colmet Santerre, VI, N° 65 bis, III, pag. 142). Cette collaboration est d'ailleurs déterminée par l'existence de l'hypothèque légale, dont les effets actuels ou éventuels contraignent le mari, soit qu'il aliène ou hypothèque ses immeubles, soit même qu'il contracte une obligation purement personnelle, à réclamer le concours juridique de la femme, pour donner pleine sécurité aux tiers avec lesquels il traite (Voy. Gide, op.

cit., pag. 432 et suiv.). Pour toutes ces raisons, chaque
décision de quelque importance est l'œuvre collective et
anonyme des époux, la manifestation extérieure d'un
arrangement librement débattu et discuté par eux.

» Étant donnée cette collaboration constante, l'autorité
maritale semble bien n'être sous le régime de la communauté qu'un gage de la prospérité des intérêts communs.
Cependant cette constatation ne doit pas faire prendre le
change sur la réalité des choses. Dans la gestion des
affaires du ménage, l'autorité du mari ne cesse d'être
prépondérante ; et le législateur l'a bien jugée telle puisqu'il a cru nécessaire d'en contrebalancer les effets par
une série de garanties énergiques, dont l'objet est d'empêcher le mari soit de dissiper le patrimoine de la femme,
soit de l'engager directement ou indirectement par son
fait personnel (an. 1408, 1430, 1443, 1471, 1483 et 1453.
Conf. Laurière sur l'art. 237 de la Coutume de Paris, II,
pag. 226). Quant à l'hypothèque légale de l'art. 2121, elle
est loin de compenser l'inégalité des situations entre
époux. Bien que dans ces applications aux conquêts, cette
hypothèque associe activement la femme à l'administration
de la communauté, et qu'en tant qu'elle porte sur les biens
du mari, cette hypothèque investisse la femme d'un droit
de contrôle et de surveillance sur les actes du mari, malgré
tout cependant, elle ne peut être considérée pour la femme
comme un équivalent des pouvoirs dont le mari dispose
en vertu des articles 215 et suiv. du Code civil. Dans son
application aux biens du mari, l'hypothèque est loin d'être
pour la femme un moyen d'action aussi puissant que
l'autorité à laquelle elle est elle-même soumise. Autre
chose, l'hypothèque dont les effets ne se font sentir que
sur une catégorie de biens, autre chose l'incapacité qui,

d'une manière générale, paralyse l'activité juridique dans l'ensemble de ses manifestations.

»La subordination de la femme au mari est en outre absolument indépendante de l'existence ou de l'absence d'une communauté d'intérêts ou société pécuniaire entre époux. Eussent-ils adopté le régime de la plus rigoureuse séparation de biens, même dans ce cas, l'incapacité de la femme ne serait aucunement atténuée (Art. 215, 217, 1449, 30, 1576)».

IV.

Le législateur du 6 février 1893 a donc bien — pourquoi le dissimuler? — heurté les principes du Code civil, puisque, comme on vient de le voir, ce n'est pas le désir de placer les affaires du ménage entre les mains d'un seul qui a poussé le législateur du Code civil à frapper d'incapacité la femme mariée. La capacité de la femme séparée n'est pas une conséquence des principes du Code, c'est au contraire une exception à ces principes. Femme mariée et par cela seul qu'elle est mariée, la femme séparée au point de vue juridique aurait dû rester incapable. Par la loi du 6 février 1893, on a battu en brèche les règles du Code civil, c'est évident, mais a-t-on fait échec à une règle essentielle?

En d'autres termes, est-il nécessaire que la femme mariée soit incapable? Ne conçoit-on pas le mariage sans cette règle de l'incapacité de la femme?

Nous allons demander la réponse à cette question d'abord au Code civil lui-même, si ferme sur ce principe de l'incapacité de la femme dans l'état de mariage. Nous la demanderons ensuite aux jurisconsultes, qui, non contents d'enseigner ce qui est, se demandent parfois si ce qui est doit forcément exister, et aux législations voisines, chez qui nous sommes contraints d'aller prendre aujourd'hui des leçons après leur en avoir si longtemps donné.

Est-il nécessaire que la femme mariée soit incapable ? Il suffit d'ouvrir le Code civil pour avoir un doute sur cette prétendue nécessité du principe de l'incapacité de la femme mariée, et pour être disposé d'instinct à trancher la question dans le sens de la négative.

Supposez, en effet, qu'il y ait à cette incapacité de la femme mariée une raison sérieuse, supposez, par exemple, que le législateur ait pu craindre que, libre d'agir à sa guise sans être obligée de soumettre les actes juridiques qu'elle projette à un contrôle préalable de son mari ou de la justice, la femme mariée ne soit tentée de dilapider une fortune sur laquelle son mari et ses enfants ont des droits, et qui contribue à l'aisance de la famille tout entière, et supposez que, en vue de l'intérêt de la famille, il se soit cru contraint de faire pour la femme mariée ce qu'il ne fait pas pour la fille, qui en se ruinant ne nuit qu'à elle-même. Parti de cette idée, le législateur en aurait tiré des conséquences parfaitement nettes dans lesquelles se serait marquée sa pensée.

Il aurait décidé :

1° Que l'autorisation du mari devait être spéciale, l'examen du mari devant, pour être sérieux, porter sur chaque acte en particulier ;

2° Qu'en cas d'absence, d'interdiction ou de minorité du mari, la femme devait se faire habiliter par la justice, la justice ayant un devoir de tutelle à remplir envers les incapables ;

3° Que l'autorisation du mari ou de la justice devait toujours être requise à peine de nullité, et que cette nullité pouvait être invoquée par la femme aussi bien que par le mari ;

4° Il aurait décidé, enfin, que la femme veuve ou divorcée, quand il existe des enfants, devait se munir d'une autorisation de la justice, les intérêts de la famille ne devant pas être privés de sauvegarde au moment même où la disparition de son chef vient précisément de les compromettre.

Supposez qu'au contraire[1] il ait pensé que le mari, étant le chef de la famille, il ne fallait pas que la femme puisse avoir le droit d'accomplir un acte juridique quelconque susceptible de lui déplaire, de dépenser son activité juridique d'une façon contraire à ses désirs. Supposez qu'il ait pensé qu'il fallait que tout ce qui touche aux intérêts de la famille, de quelque nature qu'ils soient, moraux ou pécuniaires, fût fait par le mari ou du moins lui dûment consulté et consent, les conséquences qu'il aurait tirées du même principe de l'incapacité, tout aussi nettes, auraient été tout opposées :

Il aurait décidé :

1° Que l'autorisation du mari peut être générale ;

[1] C'est l'idée de puissance maritale qui a inspiré le législateur italien quand, après des discussions très vives où les partisans de la capacité de la femme faillirent l'emporter, il s'est décidé à déclarer la femme mariée incapable.

Il est vrai qu'il permet à la femme, ce qui paraît une contradiction, de s'adresser à la justice au refus du mari, mais ce serait aller trop loin que de voir là un vieux débris du préjugé sur l'incapacité du sexe. Il peut se faire en effet que le mari soit tenté d'abuser de son autorité, et il faut bien que, dans ce cas, la justice ait le droit d'intervenir pour empêcher les abus de se commettre impunément.

2° Que la femme peut librement contracter ou plaider au cas où le mari mineur, interdit ou absent, ne peut donner une autorisation ;

3° Que l'incapacité établie dans l'intérêt du mari ne peut être invoquée que par lui ;

4° Enfin, que l'autorisation de la justice ne peut dans aucun cas suppléer à celle du mari. (Nous avons dit, en note, pourquoi ce dernier point nous inspirait cependant des doutes).

Le législateur du Code civil a trouvé ces deux doctrines établies dans le pays, pour lequel il légiférait, mais chacune dans une partie différente ; la première gouvernant les pays de droit écrit, la seconde gouvernant les pays de coutume. Il avait le choix entre la tradition romaine, qui rattachait l'incapacité à une idée de faiblesse intellectuelle et d'ignorance des affaires (*infirmitas, imbecillitas sexus*) et la tradition coutumière qui voyait dans l'incapacité une conséquence de l'état de dépendance dans lequel le mariage place la femme, en d'autres termes, une forme nécessaire du respect dû par la femme à la puissance maritale.

Entre ces deux traditions contradictoires, le législateur du Code civil n'a pas su opter franchement, ce qui permet de croire qu'il n'a pas estimé que la puissance maritale exigeât d'une façon impérieuse la dépendance de la femme au point de vue de la gestion de son patrimoine, et qu'il n'a pas estimé non plus que la femme fût un être faible et borné, qu'il fallait constamment diriger, quand, par ses maladresses ou son ignorance, elle pouvait compromettre des intérêts qui n'étaient pas exclusivement siens.

L'exemple de la femme divorcée, de la veuve, toujours et pleinement capables, même quand il existe des enfants, l'exemple de la femme commerçante à qui une autorisation générale suffit, nous démontrent qu'en dépit de la spécialité qu'il exige dans tous les autres cas et de l'octroi qu'il fait de l'action en nullité à la femme elle-même, il ne s'est pas placé au point de vue romain.

Mais nous trouvons dans son œuvre un exemple frappant du peu de crédit qu'il a accordé aux deux idées qui paraissent l'avoir cependant dirigé dans la réglementation qu'il a donnée à l'incapacité de la femme mariée, c'est l'exemple du régime de la séparation de biens [1].

Le Code civil, comme on sait, laisse à la femme qui a stipulé ce régime matrimonial, la libre administration de sa fortune et lui permet de faire valablement, seule et sans aucune autorisation, les actes juridiques qui entrent dans le cadre de cette libre administration.

Or, qu'on y réfléchisse, cette faculté, laissée par le législateur à la femme qui se marie, de soustraire à l'examen de son mari une partie des actes juridiques qu'elle aura à accomplir, choque tout à la fois l'idée de puissance maritale et l'idée d'incapacité naturelle.

Et d'abord, c'est un fait bien connu qu'on peut tout aussi sûrement se ruiner en administrant maladroitement sa fortune, par exemple en gérant mal ses propriétés, en plaçant ses capitaux sur de mauvaises

---

[1] Si cette situation n'était faite par le législateur qu'à la femme séparée de biens judiciairement, soit principalement, soit accessoirement, on pourrait dire que c'est pour préserver plus sûrement sa dot ou lui assurer une certaine indépendance, suivant qu'il y a seulement séparation de biens ou séparation de corps et de biens à la fois, et qu'il a été contraint de faire échec à ses principes ordinaires à cause de considérations pratiques importantes. — Mais cette explication ne peut être présentée en ce qui concerne la séparation de biens contractuelle.

valeurs, en donnant à bail à des conditions désavanta-
geuses ou à des gens peu solvables ou peu scrupuleux,
qu'en faisant des acquisitions trop onéreuses ou en consentant des ventes à un prix trop inférieur à la valeur
réelle de la chose vendue.

En permettant aux époux d'adopter ce régime matrimonial, le législateur a donc dû penser que la femme
avait des aptitudes suffisantes pour défendre ses intérêts ;
autrement on pourrait, à bon droit, l'accuser d'excessive
naïveté. Quoi ! l'importance de l'acte dépendrait de la
catégorie (actes d'administration, actes de disposition)
dans laquelle on doit le ranger ? Il serait bizarre que la
vente d'une propriété de quelques centaines de francs eût
paru au législateur chose plus grave que la location d'un
immeuble d'un revenu annuel de dix ou vingt mille
francs par exemple, et qu'il eût pensé que la femme
avait besoin d'être dirigée dans la première opération,
tandis qu'elle pouvait aisément se passer de guide dans
la seconde.

Ici donc, le législateur a fait bon marché de l'idée d'incapacité ; il a fait tout aussi bon marché de l'idée de
puissance maritale.

Ou l'autorité maritale n'a rien à voir dans les questions d'ordre purement pécuniaire, et doit s'arrêter aux
actes intéressant la personne même de la femme — ce
qui, nous le verrons, serait logique — ou bien si, écar-
tant la distinction dont nous parlons, la seule raisonnable, on permet à l'autorité maritale de s'exercer sur
l'activité tout entière de la femme, épouse et personne
du droit, il est illogique de lui enlever l'examen d'une
partie des actes que la femme accomplit en cette dernière qualité.

On n'a pas le droit de scinder la puissance maritale. La puissance maritale est indivisible, si elle peut contrôler certains actes de la femme, présentant un caractère pécuniaire, il faut admettre qu'elle peut contrôler tous les actes de la même nature, quelle que soit leur importance ou la dénomination que le Code leur donne (Nous avons fait observer, du reste, qu'au point de vue de l'importance, aucune différence ne pouvait être marquée entre les actes d'administration et les actes de disposition).

L'avis que nous exprimons est d'ailleurs celui qu'exprime M. Laurent, dans son avant-projet de révision du Code civil :

« Le Code Napoléon, dit-il, est illogique. Il déclare la femme mariée incapable de tout acte juridique à raison de l'obéissance qu'elle doit au mari, puis il permet de déroger à cette obéissance pour les actes d'administration et la disposition du mobilier. Est-ce qu'il y a, par hasard, une fraction d'obéissance, un quart ou un tiers de puissance maritale ? » [1].

Les contradictions du Code civil sont donc autant de présomptions de la contingence de la règle de l'incapacité de la femme mariée, en ce qui concerne du moins la gestion de son patrimoine.

Mais, prenons chacune des idées qui, jusqu'ici, ont pu paraître motiver cette règle et essayons de les réfuter.

Il nous semble que la pensée de la prétendue incapacité de la femme, déjà ébranlée par l'expérience de la vie et la connaissance de l'histoire, doit tomber devant cette constatation qu'à l'heure actuelle aucune législation ne

[1] Tom. I, pag. 455.

frappe d'incapacité la femme non mariée. La tutelle perpétuelle des femmes qui avait survécu en Suède et en
Norwège [1] — ces pays si bien fermés à la civilisation
européenne — et qui le croirait ? dans le pays qui est le
berceau même de la liberté politique : en Suisse, aujour-
d'hui, n'est plus qu'un souvenir [2].

Et qu'on ne dise pas, comme nous l'avons fait pour
mieux réfuter le système du Code civil, qu'il est plus
important de protéger la femme mariée que la femme
hors mariage, les fautes de gestion de la première pouvant nuire à d'autres personnes qu'à elle, car cette distinction ne satisfait pas le bon sens. Si la femme a toutes
les qualités d'intelligence requises pour gérer sa fortune,
pourquoi la protégerait-on quand elle est mariée, c'est-à-
dire au moment où précisément elle vient de se donner
un protecteur dans la personne du mari, et si, elle manque
de quelques-unes de ces qualités, pourquoi la laisse-t-on
exposée à tous les inconvénients de sa faiblesse d'esprit
au moment où précisément elle est sans guide et sans
conseil. Au nom d'un intérêt privé, ne frappe-t-on pas
d'incapacité le prodigue même célibataire ?

Le fait que toutes les législations reconnaissent la
femme non mariée capable, prouve donc que son intelligence et son aptitude aux affaires ne sont nulle part
mises en doute.

[1] La Suède a supprimé la tutelle des femmes en 1863 ; la Norwège en
1869. En Suisse, elle a été abolie par la loi de 1881 ; elle avait existé à
Berne jusqu'en 1847, à Bâle-Ville jusqu'en 1876, à Argovie jusqu'en 1877,
à Bâle-Campagne jusqu'en 1879.

[2] Cette théorie erronée de l'incapacité du sexe a laissé quelques traces
dans le droit français : c'est ainsi que notre Code civil refuse à la femme
le droit d'être témoin dans les actes de l'Etat-Civil et les testaments, et
restreint son droit de correction sur ses enfants mineurs.

Que vaut l'idée de respect dû à la puissance maritale
alléguée quand il s'agit d'actes uniquement pécuniaires.
Pour la réfuter, il nous suffira de citer le passage suivant,
emprunté au beau livre de M. Paul Gide, *Sur la condition privée de la femme* :

« Il y a, dans la suprématie du mari, dit M. Gide, deux
éléments bien distincts, l'élément moral et l'élément juridique. Que la femme doive être soumise à l'homme qui
est tenu de la protéger : c'est là un principe de morale
consacré par le consentement de tous les peuples, un
de ces axiomes primordiaux qui sont au-dessus de toute
attaque ; mais que la femme ne puisse faire un acte juridique, sans l'autorisation formelle du mari, ce n'est plus
là qu'un règlement de droit positif qui, loin d'être uni-
versellement admis, n'a jamais pu trouver place dans
cette loi si sage et si complète qu'on l'a appelée la raison
écrite » [1].

Il est donc impossible de justifier l'incapacité de la
femme. Mais, après avoir proclamé la femme mariée
capable, on pourrait, dans certains cas, lui retirer cette
capacité qu'on lui reconnaît à cause des inconvénients
que pourrait entraîner son exercice.

On pourrait dire : il faut, quand un conflit vient à se
produire à propos des affaires du ménage entre les deux
conjoints, l'un voulant telle chose, l'autre ne la voulant
pas, ou voulant la chose contraire, que le dernier mot reste
au mari. Il faut, quand les deux volontés sont divisées,
que celle du mari soit prépondérante.

Nous arriverions ainsi au système que M. Flourens
croyait, à tort, avoir découvert chez le législateur du Code

[1] Paul Gide ; *Condition privée de la femme*, n° 468.

civil : celui qui se fonde sur la nécessité, dans l'hypothèse où les intérêts des deux conjoints sont confondus, de permettre au mari de diriger à sa guise les intérêts communs en lui donnant le droit d'empêcher la femme de rien faire qui soit contraire à ses vues et à ses intentions.

On déclarerait la femme mariée capable, sauf à la priver de sa capacité sous certains régimes matrimoniaux. C'est ainsi qu'on la priverait de sa capacité sous le régime de la communauté, et cela d'une façon absolue : en ce qui concerne ses biens propres comme en ce qui concerne les biens de la communauté, puisque le mari a un droit d'administration et de jouissance sur les biens propres de sa femme. La femme serait également frappée d'incapacité sous le régime sans communauté et pour la même raison qu'elle est incapable même en ce qui concerne ses biens propres sous le régime de communauté.

Au contraire, si elle avait stipulé le régime de la séparation de biens ou le régime dotal avec paraphernalité de tous ses biens, ses intérêts étant parfaitement séparés d'avec ceux de son mari, et dès lors aucun conflit n'étant à craindre au sujet d'intérêts communs, rien ne viendrait limiter sa capacité, et elle jouirait, quant à ses biens, d'une indépendance juridique tout aussi complète que si elle était fille, veuve ou divorcée.

La femme incapable par suite de l'adoption par elle de tel ou tel régime matrimonial, ne pourrait s'en prendre qu'à elle-même de l'état d'incapacité dans lequel elle se serait elle-même placée.

Du reste, si elle trouvait que ses intérêts sont compromis, elle pourrait, en demandant la séparation de biens, reconquérir la capacité qu'elle aurait volontairement aliénée.

Ce système, très raisonnable, très logique et parfaitement compatible avec l'idée que nous nous sommes faite de la capacité de la femme et des limites nécessaires ou du moins possibles de la puissance maritale, est celui que propose le projet de Code civil allemand.

D'après ce projet, la femme mariée ne serait frappée d'aucune incapacité en tant que femme mariée, mais, dans le cas où le contrat de mariage conférerait au mari certains droits sur ses biens, une autorisation du mari lui serait nécessaire pour en disposer. En d'autres termes, l'incapacité ne résulterait pas du mariage, elle résulterait, dans certains cas, du régime matrimonial adopté.

Sous le régime qui, d'après le projet, serait le régime de droit commun, régime qui ressemblerait beaucoup à notre régime sans communauté et que le projet appelle le régime de l'Union des biens (art. 1300 à 1306), la femme aurait besoin de se faire autoriser par son mari pour aliéner les droits matrimoniaux, ou plaider relativement à ces droits, tandis que, séparée de biens, elle pourrait librement aliéner, hypothéquer ou ester en justice.

Ce système est également celui qu'on trouve dans le Code civil du canton de Neufchatel : « Chez, nous, dit le commentateur de ce Code, M. Jacottet, c'est l'intérêt seul de la communauté qui rend la femme incapable. S'il n'y a pas de communauté (c'est-à-dire si les époux ont adopté par contrat de mariage le régime de la séparation de biens), la femme n'a pas plus besoin de l'autorisation de son mari que si elle n'était pas mariée ».

Chose étrange, cê système qui, au premier abord, peut paraître nouveau, a été en vigueur dans nos pays de droit écrit. Dans ces pays, une maxime avait cours d'après laquelle « l'autorisation du mari était hors d'œuvre à l'égard des biens paraphernaux [1] ».

Évidemment cette règle était incompatible avec l'idée de faiblesse intellectuelle de la femme dont s'inspirait cette législation ; après avoir parlé de l'*imbecillitas sexus*, il était illogique de donner à la femme des droits absolus sur une partie de son patrimoine. Mais, en fait, il faut croire que cette faculté laissée à la femme n'avait pas des conséquences graves, que la femme n'abusait pas de cette faculté pour dilapider ses paraphernaux, ou que cette faculté n'entamait pas l'autorité maritale, puisqu'on laissa jusqu'au bout subsister cette contradiction.

M. Buffnoir [2], écrivant sur la loi du 6 février, quelques jours seulement après sa promulgation, paraissait se rallier à cette conception.

« Le régime nouveau de la séparation de corps ouvre, disait-il, une large brèche dans une institution que les mœurs ont acceptée pour ainsi dire de confiance sans en bien approfondir le principe. Au point de vue où le législateur de 1893 était placé, on ne saurait lui reprocher de n'être pas allé plus loin dans la voie où il est entré. Déjà, d'ailleurs, on l'a vu, les résistances ont été vives et persistantes dans celle de nos assemblées législatives qui représente naturellement l'esprit de conservation et de tradition. Tôt ou tard cependant, on devra se demander si la simple séparation de biens ne devrait pas conférer à la femme la même capacité que la séparation de corps et de biens. Il semble tout d'abord que cela devrait aller de soi au cas de séparation de biens judiciaire ; sans doute elle laisse subsister la communauté d'existence, et

[1] Argou ; *Institution du droit français*, II, pag. 95 et 96.
[2] *Annuaire de Législation*, 1893.

à ce point de vue on peut être tenté de dire qu'à cette association subsistante il faut un chef. Cependant cette association a pris fin pour ce qui est des biens, et n'y a-t-il pas quelque contradiction à maintenir la haute direction des intérêts de la femme au mari qui s'est montré incapable dans le gouvernement de ses propres affaires et des affaires communes ?

» Cette dernière raison ne se rencontre pas au cas de séparation de biens conventionnelle, ni pour la fortune paraphernale de la femme mariée sous le régime dotal, mais à ceux qui jugeraient téméraire d'accorder à la femme pour ces hypothèses, pleine capacité dans le gouvernement de ses intérêts, nous ferons remarquer que ce régime était, avant le Code civil, le régime établi dans les pays de droit écrit, et qu'ici les auteurs du Code civil ont suivi la tradition des pays de coutumes sans qu'on puisse bien justifier leurs préférences ».

Ce système aurait, au point de vue législatif, ce très grand avantage de rompre nettement avec le vieux préjugé de l'incapacité, et en reconnaissant la femme mariée capable, tout au moins en principe, de mettre le droit d'accord avec la réalité.

Au point de vue pratique, il serait meilleur encore, puisque sans aller à l'encontre des mœurs et des idées reçues, il permettrait à l'évolution de se faire naturellement et servirait de transition douce entre le régime de l'incapacité absolue qui, hors le cas de séparation de corps, est le régime d'aujourd'hui, et le régime de la capacité complète, qui est probablement le régime de demain.

Peut-être cependant, pourrait-on lui adresser quelques critiques.

Au point de vue spéculatif, c'est au système de l'entière capacité que vont nos préférences. Nous n'admettons pas que dans certains cas et pour obéir aux vœux des époux, le législateur puisse toucher à la capacité qu'il a lui-même reconnue à la femme. Ce principe de la liberté nous paraît assez important pour que le législateur ait le droit de défendre aux époux d'y faire échec par contrat de mariage.

Mais ici deux systèmes sont en présence.

L'un [1], le système admis par le législateur anglais et le législateur des États-Unis, sans doute pour rendre impossible tout conflit, impose aux époux un régime matrimonial unique, qui est celui de la plus rigoureuse séparation de biens. Sous ce régime aucun point de contact ne peut exister entre le patrimoine du mari et celui de la femme. Tout ce qui appartient à chaque époux doit être minutieusement inventorié, catalogué. Les deux fortunes étant ainsi nettement séparées, « la femme mariée est capable d'acquérir et tenir comme sa propriété séparée tout bien réel et personnel, et d'en disposer par testament ou autrement de la même manière que si elle était non mariée *(feme sole)* ».

L'autre, le système proposé par M. Laurent, pour la Belgique, déclare la femme mariée capable, en lui lais-

---

[1] D'après le Common Law, c'est-à-dire le droit coutumier anglais, la personnalité de la femme s'absorbait dans celle du mari. « Dans l'ancien droit, dit M. Lehr, pas d'autorisation maritale parce que la femme ne pouvait agir. Dans le droit nouveau, pas d'autorisation maritale parce que la femme peut agir seule librement ».

L'exemple de l'Angleterre, allant en quelques années du système de l'incapacité dans ce qu'il y a de plus rigoureux à celui de la pleine capacité, est un exemple singulièrement frappant quand on songe à l'esprit conservateur de cette nation.

sant le droit d'opter pour un régime où ses intérêts seraient
en partie ou en totalité confondus avec ceux du mari.

Dans son avant-projet de révision du Code civil pré-
paré par lui sur la demande du Ministre de la Justice de
Belgique, M. Laurent supprime toute inégalité entre les
époux. L'article 1452 de cet avant-projet est ainsi conçu : .
« La Communauté est administrée par les deux époux
conjointement ». D'après l'article 1453, la femme peut
faire seule les actes d'administration journalière, et, d'après
l'article 1454, les actes de disposition de la communauté
à titre gratuit ou onéreux ne peuvent être consentis que
par les deux époux conjointement. Prévoyant, et avec
raison, l'hypothèse de conflits entre les époux investis
des mêmes droits, M. Laurent propose la procédure suivante : si la femme refuse de consentir à un acte de disposition, le mari citera la femme en conciliation ; si le
juge de paix ne parvient pas à concilier les époux, la
demande sera portée devant le tribunal d'arrondissement,
et après que les parties auront été entendues en la Chambre du Conseil, le Tribunal décidera sur les conclusions
du ministère public si l'acte peut être fait, en prenant en
considération l'intérêt du demandeur et de sa famille.
Enfin, pour le cas où la femme abuserait de son pouvoir
d'administration journalière, M. Laurent offre le remède
du recours aux Tribunaux, qui pourraient prononcer la
nullité des engagements souscrits par la femme et même la
déclarer déchue de son pouvoir d'administration (art. 1455
à 1460).

Ce système, en permettant aux époux de mêler leurs
fortunes et d'arriver ainsi à cette *communicatio rerum
humanarum divinarumque*, qui est évidemment l'idéal
du mariage, *Consortium omnis vitæ*, est encore supé-

rieur au système anglais. Imposer aux époux la séparation de biens nous paraît excessif. Evidemment, des conflits sont possibles, et M. Laurent a raison de les prévoir, mais si dans le système allemand de l'incapacité, limitée à certains régimes matrimoniaux, ou dans le système du Code civil, les conflits ne peuvent pas se produire à propos d'un acte fait par la femme de son plein gré et qui déplairait au mari, ils se produiront, parce que celui-ci aura refusé son autorisation, ou parce que, la femme en révolte contre son mari, aura demandé à la justice une autorisation que le mari lui a refusée. Un jurisconsulte à la fois théoricien et praticien, M. Huc, autrefois professeur à la Faculté de droit de Toulouse, aujourd'hui Conseiller à la Cour d'appel de Paris, constate que presque toujours, quand la femme en appelle à la justice d'un refus d'après elle injustifié du mari, la brouille existe dans le ménage que guette le divorce ou la séparation.

Ce serait, du reste, une question à se poser que celle de savoir si, dans un ménage parfaitement uni, un conflit de ce genre peut se produire. Dans un ménage parfaitement uni, la femme se soumet, non parce que le Code l'y astreint, mais par crainte de déplaire à celui à l'existence de qui son existence à elle est liée. Un conflit pécuniaire entre époux a presque toujours pour cause un conflit moral antérieur. Là où règne une affection partagée, les époux finissent par se rendre aux raisons l'un de l'autre. Le plus intelligent arrive toujours à faire prédominer sa façon de voir, et cela suffit pour que le législateur ne soit pas contraint d'imposer aux époux, désormais munis de droits égaux, une complète séparation de biens, ou de lier les mains de la femme dans l'hypothèse d'une communauté d'intérêts entre elle et son mari.

Après des discussions plus ou moins longues et plus ou moins ardentes, dans la pluralité des cas, la meilleure opinion triomphera, sans que les juges aient à intervenir, et la femme, quoique capable, se gardera de faire un acte juridique, que désapprouverait son mari, de même que celui-ci, dans la situation présente, ne ferait pas un acte de quelque importance, sans solliciter de son propre mouvement l'appréciation de sa femme. La bonne harmonie résultera naturellement de la prépondérance qu'acquiert fatalement sur l'autre celui des deux époux qui est doué de plus d'intelligence, d'habileté et d'énergie.

N'y aurait-il pas, du reste, de la part du législateur quelque bizarrerie à limiter la capacité de la femme ou à supprimer son droit d'option entre différents régimes matrimoniaux, comme s'il redoutait une série ininterrompue de conflits entre époux tous deux capables et ayant confondu — en partie du moins — leurs fortunes, alors qu'il a pris tant de précautions pour empêcher des abus d'influence des époux l'un contre l'autre. Car, non seulement il déclare nulle la vente faite par la femme au mari, édicte la révocabilité des donations qu'elle peut faire à son mari, restreint sa quotité disponible au cas où elle s'est remariée ayant des enfants d'un premier lit — règles où l'on pourrait voir la survivance du préjugé sur l'incapacité du sexe — mais d'une façon générale, prohibe la vente entre époux, frappe de révocabilité — contrairement au droit commun — les donations entre époux, et amoindrit la quotité disponible du veuf ou de la veuve avec enfants qui se remarie.

Au point de vue pratique, cette conception aurait cet avantage de permettre au législateur de supprimer toutes les faveurs qu'il accorde à la femme pour la dédommager de l'incapacité qu'il lui inflige. Dans un certain nombre de cas, les actes accomplis par le mari l'ont été à l'instigation de la femme, et c'est à celle-ci que sont imputables les malheurs pécuniaires de la famille. N'importe, c'est à elle seule aujourd'hui qu'est donné le droit de demander la séparation de biens; sa femme lui eût-elle apporté 118 procès, comme cette femme dont l'exemple est classique, dépenserait-elle plus que ne le permettent les revenus de la communauté, le mari ne pourra pas user contre elle de cette mesure.

Femme commune, ses propres ont-ils été vendus et le prix en a-t-il été dissipé par elle; femme dotale, a-t-elle gaspillé les sommes dotales pour lesquelles aucune clause d'emploi n'avait été stipulée, dans ces espèces à la dissolution, c'est le mari, ou, qui pis est, les créanciers du mari qui en souffriront, puisque non seulement elle exercera ses reprises avant le mari, mais par son hypothèque, primera un certain nombre de créanciers de celui-ci (créanciers chirographaires et même créanciers hypothécaires d'un rang inférieur au sien).

Le principe de la pleine capacité de la femme mariée ne peut avoir pour adversaires que les jurisconsultes qui pensent que toutes les règles concernant l'organisation de la famille, forment un bloc indivisible sur lequel il faudrait se garder de porter la main, de peur que le bloc entier ne vienne à s'effriter et à tomber en poussière; ces jurisconsultes estimant sans doute que l'incapacité de la femme est un élément nécessaire de l'unité morale de la famille.

Pour dessiller leurs yeux, pour leur prouver que la famille n'est pas d'autant plus étroitement unie, qu'au point de vue juridique la femme est sous une dépen-

dance plus étroite de son mari, nous n'avons qu'à com-
parer ce qui se passe dans deux pays voisins dont l'un
proclame la femme mariée capable, dont l'autre jusqu'à
ces derniers temps faisait, de la femme mariée, la pupille
de son mari : l'Angleterre et la Suisse, pays protestants
tous les deux, ce qui supprime l'objection tirée de la différence des religions.

En Angleterre [1], malgré l'organisation presque féodale
et singulièrement forte de la famille, malgré la survivance des priviléges de primogéniture et de masculi-
nité, malgré cet attachement opiniâtre et si curieux de
tout un peuple, aussi conservateur que le peuple romain
à ses vieilles coutumes, auxquelles il n'ose toucher que
d'une main timide et sous l'empire d'une nécessité pres-
sante, nous l'avons dit : la femme mariée conserve sa
capacité. Cependant, c'est, au dire de M. Glasson, le seul
pays qui n'ait pas abusé du divorce. Ce qui prouve clai-
rement que les ménages désunis y sont rares. Tout au
contraire, en Suisse, quand la femme — du reste en

[1] « Il semble que la constitution de la famille ne soit nulle part, à
l'heure présente, en voie de se modifier d'une manière grave, sauf en
ce qui concerne la situation de la femme mariée, qui a déjà subi, de
l'autre côté de l'Océan et plus récemment en Angleterre, une véritable
révolution. Au point de vue des droits civils, l'indépendance de la
femme, vis-à-vis de son mari, a été d'abord timidement, puis résolument
consacrée par les lois que vous connaissez et qui marquent un changement complet dans les idées de nos voisins. Il ne paraît pas, d'ailleurs,
que ce changement coïncide le moins du monde avec un affaiblissement
de l'esprit de famille, et c'est même une chose curieuse de remarquer
que les pays qui professent le plus grand respect pour le foyer domestique, ont été les premiers à réaliser l'émancipation totale de la femme
dans les actes de la vie civile ».

Discours de M. Ribot, député, alors qu'il prenait possession de la
présidence de la Société de législation comparée (*Bulletin de la Société*,
1888, pag. 57).

tutelle perpétuelle — ne jouissait d'aucun droit, dans le
ménage, le nombre des divorces, toujours au dire de
M. Glasson, était proportionnellement beaucoup plus considérable qu'ailleurs.

On le voit, à l'heure actuelle, il n'y a que deux systèmes qui puissent paraître nets, logiques, raisonnables,
conformes aux tendances modernes, c'est le système de
la capacité de la femme mariée, quel que soit le régime
matrimonial choisi par elle, ou le système de la capacité
restreinte aux régimes matrimoniaux, dans lesquels les
patrimoines du mari et celui de la femme sont distincts.

Quel que soit de ces deux systèmes celui qu'adoptera
plus tard le législateur français, car il est évident qu'un
jour il aura à examiner la question de la capacité civile de
la femme mariée, il est, dès aujourd'hui, certain qu'il
adoptera un système où la capacité de la femme séparée
apparaîtra, non plus comme une antinomie, mais comme
un corollaire naturel.

Notre conclusion est donc la suivante :

Si restituer à la femme séparée la direction de son
patrimoine, c'était faire échec à une règle du Code civil,
ce n'était pas faire échec à une règle essentielle, mais à
une règle qui, injuste dans son principe, l'est aussi dans
ses conséquences. Si c'était introduire une contradiction
dans le Code civil, c'était introduire une contradiction
éphémère que l'avenir supprimera, soit en déclarant la
femme mariée capable dans tous les cas au point de vue
de la direction de ses biens, soit du moins en la déclarant capable dans certaines hypothèses au premier rang
desquelles se trouvera placée l'hypothèse de la séparation de biens, soit judiciaire, soit contractuelle, soit principale, soit accessoire à la séparation de corps.

V.

Si la restitution de sa capacité à la femme séparée de corps a pu paraître à quelques-uns une entreprise hardie, si les détracteurs de son œuvre ont pu reprocher au législateur du 6 février 1893 une excessive audace, ils seront disposés à la bienveillance envers lui quand ils verront le peu d'effet qu'auraient eu les projets de réformes précédemment proposés pour modifier le déplorable état de choses dont la conséquence était la nécessité imposée à certaines femmes, d'avoir recours à une institution que leur conscience ou leur amour maternel réprouvaient.

La réforme à laquelle s'étaient arrêtés les auteurs de la proposition primitive, MM. Allou, Batbie, Denormandie, Jules Simon, après plusieurs projets aussitôt abandonnés que conçus [1], était, en effet, singulièrement timide et sin-

---

[1] « Nous proposons de supprimer, au cas de séparation de biens, l'autorisation maritale, parce qu'elle est tantôt un moyen de vexation qui devient un obstacle à la réconciliation, tantôt une occasion d'exploiter le désordre de la femme, et n'est que rarement une garantie de prudence.

» Mais comment remplacer l'autorisation du mari ? Nous avons écarté la pensée de soumettre la femme à une espèce de conseil judiciaire, afin d'éviter tout rapprochement blessant avec la prodigalité ou avec la faiblesse d'esprit (art. 513 et 499 C. C.). D'ailleurs, il serait difficile de trouver dans tous les cas un conseil capable de résister avec fermeté aux pressions d'une femme qui veut avec ténacité. Nous nous sommes demandé si on ne pourrait pas remplacer l'autorisation maritale par celle d'un conseil de famille. Mais la situation des époux séparés est le plus habituellement le résultat d'un procès long et difficile ; souvent la famille a été mêlée à la lutte ; il faudrait mettre en mouvement et faire intervenir six personnes ; la femme serait obligée de mettre dans la confidence de sa position des parents ou des amis, qui ne sont pas tenus, par état, au devoir de la discrétion. Nous avons jugé qu'il serait préférable de soumettre immédiatement, et sans l'intermédiaire du mari, la femme séparée de corps à l'autorisation de la justice. Ce qui est aujour-

gulièrement modeste. Etait-ce même une innovation?
nous aurons à nous le demander. En tout cas insuffisante,
comme nous le verrons, pour améliorer sérieusement la
situation de la femme séparée de corps, elle portait aux
principes du Code civil un coup presque aussi direct que
la réforme radicale, mais du moins pleinement efficace,
qui a été réalisée sur l'avis du Conseil d'Etat, à l'examen
duquel cette proposition primitive avait été soumise.

C'était une de ces pâles demi-mesures qui, ayant la
prétention de satisfaire tout le monde, ne satisfont, en
réalité personne, ni les partisans d'innovations, ni les
partisans du *statu quo*.

Cette proposition ne touchait en rien à l'incapacité de
la femme mariée, qu'elle maintenait complète, mais elle
essayait, en la maintenant complète de supprimer les abus
dont l'autorité maritale survivant à la séparation de corps
était la source pour la femme séparée. C'était se poser là
un problème singulièrement difficile.

MM. Allou, Batbie, Denormandie, Jules Simon, pensèrent y avoir trouvé une solution satisfaisante, en permettant à la femme de s'adresser directement à la justice
pour obtenir l'autorisation dont elle avait besoin, après
avoir, par une copie de la requête, invité son mari à se
rendre en la Chambre du Conseil où devait être examinée
sa demande d'autorisation, afin d'y présenter les observations qu'il jugerait utiles.

d'hui une voie d'appel deviendrait le principal et unique examen ; au
lieu de s'adresser au tribunal, en cas de refus du mari, la femme
demanderait l'autorisation à la justice ; seulement, pour éviter le bruit
autour d'une situation pénible, le tribunal rendrait son jugement en la
chambre du Conseil, comme juridiction gracieuse. L'affaire n'étant pas
contradictoire, le mari ne serait pas cité et le tribunal serait saisi par
requête, il n'y aurait pas lieu à rendre le jugement à l'audience publique·
(Sénat, *Doc. Parlem.*, 1884).

Voici, au surplus, quel était le texte exact de cette proposition.

« L'article 1440 du Code civil est modifié ainsi qu'il suit, alinéa 3 : elle peut, à son gré, demander à son mari ou demander directement au Tribunal, par requête, toutes les autorisations nécessaires pour citer en justice, pour l'aliénation de ses immeubles ou de ses valeurs mobilières, pour toutes acquisitions, emploi ou remploi et généralement pour toutes les mesures que ses intérêts peuvent exiger. Dans ce cas, la femme devra faire notifier copie de sa requête au mari, avec mise en demeure d'intervenir si bon lui semble. — Le mari fera connaître, par exploit signifié à la femme, au domicile de l'avoué, constitué dans la requête, son intention d'intervenir; alors il sera donné suite à la procédure d'autorisation, conformément aux articles 861 et suivants du Code de procédure. — Huit jours après la signification de la requête, à défaut de notification du mari, le Tribunal statuera en la chambre du Conseil » (Sénat, *Doc. parlem.* 1886).

Ainsi, tandis qu'autrefois la femme séparée devait solliciter d'abord l'autorisation de son mari et n'avait le droit de recourir aux Tribunaux qu'après que le refus ou le silence de celui-ci avait été dûment constaté par sommation d'huissier, dans le cas où la proposition Allou eût triomphé, la femme séparée n'eût rencontré en face d'elle, si elle l'eût voulu, qu'une seule barrière à franchir. La femme séparée qui aurait désiré plaider ou qui aurait désiré contracter au delà des limites de ses pouvoirs de libre administration, si elle avait craint de la part de son mari des lenteurs calculées ou un refus systématique, ou si elle avait eu lieu de redouter ses exigences pécuniaires, aurait pu se passer de son autorisation.

Etait-ce une innovation ? l'art. 219 du Code civil admet
la femme à citer son mari directement devant le tribunal,
afin d'obtenir son autorisation, mais ce texte de l'avis
unanime de la doctrine et de la jurisprudence a été abrogé
par l'art. 861 du Code de procédure, qui, comme on sait,
porte la date de 1807, alors que le Code civil est de 1803,
article ainsi conçu :

«La femme qui voudra se faire autoriser à la poursuite
de ces droits, après avoir fait une sommation à son mari,
et sur le refus par lui fait, présentera requête au président, qui rendra ordonnance portant permission de citer
le mari, à jour indiqué à la Chambre du conseil, pour
réduire les causes de son refus».

Le but de la proposition de loi était donc de faire revivre un article du Code civil qu'on supposait abrogé depuis
la promulgation du Code de procédure, contenant une
disposition contradictoire.

A cette proposition deux sortes d'objections ont pu être
faites; on a pu la critiquer au nom des principes du Code,
on a pu également la combattre au nom des intérêts pratiques, qui y avaient donné naissance, et auxquels elle
avait l'intention de venir en aide.

Voici l'objection théorique :

Si on conçoit que le législateur confie aux tribunaux le
soin de protéger les incapables, car cela rentre incontestablement dans leur attribution générale, qui est de rendre
la justice, on a plus de peine à se figurer les tribunaux
se substituant au mari pour exercer à sa place ses droits
de puissance maritale.

«Ce qui révolte mon bon sens, c'est cette femme dispensée de s'adresser à son mari et directement renvoyée

devant un tribunal, ainsi invité à faire le mari vis-à-vis d'elle. Mais c'est le renversement de tout notre droit civil! Et ce n'est pas seulement une atteinte portée aux principes juridiques, c'est encore, permettez-moi de vous le dire, une aggravation de la situation de la femme, des conditions dans lesquelles les époux séparés se trouvaient jusqu'ici placés vis-à-vis l'un de l'autre » (Sénat, *Doc. parlem.*, 1887).

A la rigueur, on peut excuser le législateur, en supposant qu'il ait donné pour base à l'incapacité de la femme mariée l'idée de puissance maritale, d'avoir permis à la femme de demander aux tribunaux une autorisation que son mari lui a refusée, puisqu'on peut dire que, dans ce cas, les juges n'interviennent que pour empêcher le mari d'abuser de son autorité. Mais il eût été impossible de le justifier, d'avoir permis à la femme de s'adresser directement à la justice. Ici l'explication que nous avons donnée du rôle de la justice dans les conflits entre conjoints évidemment n'eût pu être alléguée, et la conclusion à tirer de cette règle, si on l'avait inscrite dans la loi, eût été, non pas que la femme est incapable parce qu'elle doit faire plier sa volonté devant la volonté souveraine de son mari, mais qu'elle est incapable en droit, parce qu'en fait elle manque des lumières nécessaires pour gérer ses intérêts, quand à ses intérêts d'autres intérêts sont liés.

De parti pris et après mûre réflexion, on introduisait dans le Code une antinomie, comme celle qui, sans doute, est due à la rapidité avec laquelle écrivit le législateur de 1803, quand il exige l'autorisation de la justice dans le cas où le mari est mineur, absent ou interdit.

On revenait ainsi sciemment à l'*imbecillitas sexus*. Non seulement on allait à l'encontre des tendances modernes,

mais par delà le Code civil, si arriéré pourtant sur ces
questions, qui, lui, ne voit dans l'incapacité qu'une conséquence de la puissance maritale; on remontait jusqu'à ces
époques où l'erreur sur l'inégalité des sexes passait pour
vérité et dictait aux législateurs des mesures de protection spéciales pour la femme.

Au point de vue théorique, la réforme eût donc été
mauvaise. Qu'eût-elle valu au point de vue • pratique ?
Eût-elle atteint le but que ses partisans avaient en vue ?
Eût-elle efficacement protégé les intérêts de la femme
qu'on supposait avoir besoin de sauvegarde ? Eût-elle
surtout détourné du divorce une certaine catégorie de
femmes, en leur évitant les lenteurs, les frais, les marchan-
dages que, sous le Code civil, entraînait presque fatalement
pour la femme séparée le maintien de son incapacité ?

Il n'est pas nécessaire d'avoir une bien longue expérience des affaires et de la vie pratique, pour se douter
combien peu efficace aurait été cette réforme au point de
vue pratique, à coup sûr le plus important.

Nous savons tous qu'au milieu de l'entassement des
dossiers, la justice ne marche qu'à pas comptés, l'examen
de la demande d'autorisation de la femme eût donc subi
d'inévitables retards. Nous savons de plus qu'en dépit des
promesses réitérées des candidats aux fonctions électives,
il n'est pas encore possible de mettre en branle la machine
judiciaire sans bourse délier, la nécessité de se faire
autoriser eût donc continué à être pour la femme une
cause de frais [1].

---

[1] « Actuellement, si le mari reste sourd à la demande de sa femme,
elle lui adresse une sommation. Il y répond par un acte de refus ; elle
présente une requête au président du Tribunal, une ordonnance est
rendue ; le mari reçoit signification de la requête avec citation, les

Evidemment, les retards eussent été moins lents, les frais moins considérables (très peu puisqu'il n'y eût eu en moins que les frais d'une sommation, remplacés du reste en partie par ceux de la copie de la requête). Mais le danger le plus redoutable subsistait : on ne coupait pas court à ces trafics honteux dont tout le monde souhaitait la fin.

En effet, quand la femme eût pu craindre que la justice, après examen de l'affaire, lui refusât une autorisation qui aurait été pour elle un blanc seing de ruine, elle se serait bien gardée de s'adresser à la justice, certaine d'avance de sa réponse, mais, ayant un mari léger de scrupules et avide d'argent, elle eût essayé de lui acheter son autorisation.

Ainsi des trois inconvénients signalés : retard, frais, marchandage possible, les deux premiers eussent subsisté à peine atténués, le troisième fût resté entier.

M. Flourens a très nettement aperçu ce résultat.

» D'abord, écrivait-il, le système de la Commission ne fait pas cesser un des abus signalés par l'exposé des motifs de la proposition. Cet exposé dénonce une collusion fréquente, paraît-il, entre époux séparés qui s'entendent, la femme pour acheter, le mari pour vendre l'autorisation, afin de soustraire à l'examen de la justice une opération mal conçue. Mais il est manifeste que, si la femme médite une opération mal conçue, ce n'est pas directement au Tribunal qu'elle s'adressera pour obtenir l'autorisation. Elle restera libre d'acheter du mari, comme

époux comparaissent, un jugement est enfin obtenu. La moindre affaire entraîne 100 francs de frais pour la pauvre femme, qui avait droit à être autorisée et qui a obtenu l'autorisation en justice ». M. Pàris, séance du 18 janvier 1887.

le mari restera libre de lui vendre toutes les autorisations
nécessaires pour réaliser cette opération. » (Rapport présenté au Conseil d'Etat. Sénat, *Docum parlem*, 1886).

Croit-on, du reste, pour rester dans l'hypothèse où
s'étaient placés les auteurs de la proposition, croit-on que
les tribunaux eussent été parfaitement à même de donner
ou de refuser dans tous les cas leur autorisation en par-
faite connaissance de cause?

Il est bien rare qu'une affaire soit bonne ou mauvaise
d'une façon absolue. Bonne pour l'un, elle peut être mauvaise pour l'autre ; avantageuse à tel moment, elle peut
être désavantageuse un peu plus tard. Pour savoir si une
affaire que projette une personne a des chances de lui
être profitable ou risque de lui être préjudiciable, il ne
suffit pas de connaître parfaitement l'affaire, il faut connaître encore parfaitement la personne qui veut la conclure, ses aptitudes, sa situation exacte de fortune, etc.
C'est donc trop peu d'examiner l'affaire en elle-même, il
faut l'examiner eu égard à une foule de circonstances.

Qu'on nous excuse de prendre des exemples.

Une femme désire acheter une propriété, celui à qui il
appartient de l'habiliter aura à peser des considérations
nombreuses avant de lui donner ou de lui refuser son
autorisation. L'achat d'une propriété au prix de. . . .
peut être une affaire excellente pour une personne disposant de capitaux considérables ou très au courant des
choses de l'agriculture, tandis que l'achat de la même
propriété à un prix inférieur pourrait être une affaire
désastreuse pour une personne ne disposant que de capitaux modestes ou sans connaissances techniques suffisantes.

Une femme sollicite l'autorisation de faire le commerce ; pour la lui donner ou la lui refuser, on n'aura pas seulement à se demander si la femme a quelque argent à mettre dans l'entreprise, si elle peut facilement obtenir du crédit, si la branche du commerce dans laquelle elle veut se lancer est généralement prospère et ne présente pas de trop graves dangers ; on aura encore à savoir quelle est la perspicacité, l'habileté, l'activité en affaires de la femme.

Le mari, dans ces hypothèses ou dans d'autres toutes pareilles, aurait quelque hésitation à se prononcer, et on veut que le tribunal, qui ne connaît que très vaguement une partie seulement de ces renseignements, se prononce presque sur-le-champ ?

Mais, dira-t-on, le mari était invité à donner son avis. C'est exact, mais aucun moyen n'existait pour l'y contraindre. La plupart du temps, il eût probablement refusé de se rendre à la convocation que la femme lui aurait adressée ; s'y étant rendu, il eût gardé le silence, ou, ce qui eût été pire, il eût opposé de mauvaises raisons à celles invoquées par sa femme, ce qui fait que, trompée ou renseignée par une seule partie, partie intéressée dans l'affaire, la justice aurait donné ou refusé son autorisation, sans avoir pu percer la vérité, que le mari ou la femme, pour des raisons tout opposées, eussent également pris soin de lui cacher.

Inefficace pour protéger les intérêts de la famille qu'on croyait devoir être menacés par la capacité de la femme séparée, contraire aux idées contenues dans le Code civil, plus contraire encore aux aspirations libérales de notre époque, impuissante à lutter avec quelque chance de succès contre le divorce, la proposition de MM. Allou

Batbie, Jules Simon, Denormandie, avait un autre défaut, celui de n'être pas logique.

Ayant admis comme point de départ l'incapacité naturelle de la femme, MM. Allou, Batbie, Denormandie, Jules Simon, auraient dû trouver trop grande encore la demi-indépendance, que par mégarde sans doute le législateur du Code civil avait accordée à la femme séparée. Ils auraient dû déclarer qu'incapable de disposer à bon escient et qu'incapable de trancher la question de savoir si dans tel cas déterminé il convient de porter un différend devant des juges ou des arbitres, elle était également incapable d'exercer, sans inconvénients pour elle et les siens, son droit de libre administration. Pour aller jusqu'au bout du système erroné qu'ils avaient adopté, il aurait fallu qu'oubliant le but qu'ils s'étaient fixé et qui était d'entraver les progrès du divorce, ils plaçassent la femme séparée en tutelle; or nous avons vu que, si un moment ils y avaient songé, ils s'étaient empressés de rejeter cette idée fâcheuse de leur esprit.

VI.

Après avoir écarté l'idée de MM. Allou Batbie, Denormandie, Jules Simon, et avoir admis en principe la solution proposée par le Conseil d'État, ne devait-on pas faire une différence entre la femme coupable, contre qui la séparation avait été prononcée et celle qui, entièrement ou en partie du moins, avait triomphé dans l'instance.

Ne devait-on pas considérer la restitution de la capacité civile à la femme comme une faveur législative, dont devaient seules bénéficier les femmes irréprochables, ou celles dont les torts du moins étaient atténués par les torts réciproques du mari ? Devait-on rendre leur capacité à toutes les femmes séparées sans exception, ou seulement à celles qui, ayant eu sur certains points gain de cause, paraissaient mériter une bienveillance particulière?

Remarquons qu'en adoptant ce dernier parti, le législateur pouvait se réclamer de l'exemple de certaines législations voisines. C'est ainsi qu'en Espagne [1], en Portugal, la femme contre qui est prononcée la séparation perd tout droit sur son patrimoine et en est réduite à une simple pension alimentaire ; la législation italienne, sans aller aussi loin, ne lui permet ni de plaider, ni de disposer sans autorisation. Sous cette dernière législation, la situation de la femme séparée est fixée par les articles 135 et 136 du Code civil, dont voici le texte :

« Art. 135. — L'autorisation du mari n'est pas nécessaire..... al. 2 : si la femme est légalement séparée par la faute du mari. »

Art. 136. — Si la femme est légalement séparée par sa faute propre, soit par la sienne et celle du mari, soit par mutuel consentement, l'autorisation du tribunal est nécessaire. Le tribunal ne peut accorder cette autorisation, si auparavant le mari n'a pas été entendu ou cité à comparaître en la chambre du conseil, sauf le cas d'urgence. »

---

[1] Voici les articles du Code civil espagnol qui ont trait à notre sujet.
Art. 73 : « Le jugement de séparation produira les effets suivants : ...4° Le partage des biens de la société conjugale et la perte de l'administration des biens de la femme, dans le cas où le mari l'aura, et où c'est lui qui a fourni sa cause à la séparation ; 5° La conservation de l'administration des biens de la femme au profit du mari innocent, la femme n'ayant plus droit qu'à des aliments ».
Art. 1444 : « La femme ne pourra aliéner ni engager pendant le mariage, sans autorisation judiciaire, les immeubles qui lui sont attribués par suite de la séparation ni ceux dont l'administration lui est remise ».

En regard, nous plaçons le texte de l'amendement de M. Bardoux.

« La séparation de corps prononcée contre le mari aura en outre pour effet de rendre à la femme le plein exercice de sa capacité civile, sans qu'elle ait besoin en aucun cas de recourir à l'autorisation de son mari ou de la justice. »

Les différences de détail entre ces deux textes sont sensibles ; si le principe ici et là est le même, les dispositions qu'en tirait l'honorable sénateur et qu'en tire le législateur italien, sont absolument dissemblables.

Tandis que, d'après le Code italien, la femme séparée n'obtient la restitution de sa capacité que, si dans l'instance en séparation, elle a été victorieuse sur toute la ligne, le projet Bardoux la lui restituait, même quand, victorieuse sur certains chefs, elle avait succombé sur d'autres et que la séparation avait été prononcée contre les deux conjoints.

« Lorsque, disait M. Bardoux, la séparation est prononcée contre les deux époux, la femme gagne en partie son procès et elle doit bénéficier de notre amendement. »

La raison alléguée par M. Bardoux, pour justifier cette faveur faite à la femme, qui s'était vue condamner en même temps que son mari, raison à coup sûr curieuse, c'est que cette égalité de traitement judiciaire semblerait indiquer que la culpabilité de la femme est moins grande que celle de son mari, les tribunaux, disait-il, ayant une tendance à se montrer beaucoup plus sévères dans l'appréciation des torts de la femme que dans l'appréciation des fautes du mari.

« Est-ce que la justice, disait-il, n'établit pas tous les jours une différence entre certaines fautes du mari et les fautes de la femme ? Lorsque les fautes de la femme sont

prouvées, et que cependant le tribunal prononce la séparation de corps à la fois contre elle et le mari, est-ce que
la justice n'établit pas par là même que le mari est bien
plus coupable encore? Il faut le dire, en effet, la femme
est traitée avec plus de sévérité par la justice, en vertu de
considérations de l'ordre moral, que je n'ai ni à justifier,
ni à expliquer, mais qui existent. Est-ce qu'il ne s'ensuit
pas que, lorsque la séparation a été prononcée contre les
deux époux, la femme doit recouvrer sa capacité civile
sans distinction?[1] »

Outre que c'était faire trop de fonds sur une tendance
qui, alors même qu'elle eût réellement existé, pouvait,
du jour au lendemain, disparaître ou faire place à la tendance contraire, on a démontré à M. Bardoux que les tribunaux, contrairement à ce qu'il pensait, n'avaient jamais
cessé de tenir la balance parfaitement égale entre la
femme et le mari.

« Si la pensée de M. Bardoux était fondée, dit M. Bressolles, et si elle devait ainsi établir une inégalité entre
les époux, pourquoi n'en est-il pas de même sur la question de la révocation des avantages réciproques, en cas
de double séparation de corps? — Cependant la doctrine
et la jurisprudence sont d'accord pour décider que, dans
ce cas, la révocation est double et la femme n'est pas plus
favorisée que le mari ».

C'eût été là la différence la plus notable entre le système français et le système italien, mais on peut remarquer encore qu'au lieu de laisser, comme le faisait le
projet Bardoux, à la femme, qu'on juge indigne de la
restitution de sa capacité, l'entière liberté de choisir entre

---

[1] Sénat, *Déb. parlem.*, 1887, pag. 45 col. 2.

l'autorisation maritale et l'autorisation judiciaire, le Code civil italien ne laisse subsister que la seconde.

Ne nous occupons pas de ces détails, examinons la distinction en elle-même, que vaut-elle?

Au premier abord, l'idée de cette distinction pourrait nous séduire. Nous pourrions trouver qu'il est singulièrement choquant que la femme coupable eût, après sa faute, plus de droits sur sa personne ou son patrimoine, qu'elle n'en avait auparavant ; nous pourrions trouver, avec M. Lucien Brun, qu'il est difficile d'accepter que la femme contre qui la séparation a été prononcée, reprenne, à cause de ses méfaits, la libre administration de ses biens.

Cette première impression ne résiste pas à un moment de réflexion. L'idée d'infliger une peine à la femme contre qui la séparation a été prononcée, en la maintenant en état d'incapacité, et, au contraire, d'accorder une faveur à la femme qui a obtenu la séparation à son profit, est condamnable au triple point de vue de la justice, du bon sens et de l'esprit de notre législation.

Parmi les différentes causes de séparation, une seule mérite une pénalité à cause de son caractère d'exceptionnelle gravité : c'est l'adultère. Or, on peut se demander s'il convient d'ajouter une peine accessoire à celle dont la loi frappe déjà l'époux qui s'en est rendu coupable. Quand la femme a motivé une demande en séparation du mari, par son caractère acariâtre ou difficile, il y aurait quelque sévérité à considérer cette femme comme ayant commis une faute qui mérite une autre sanction que celle d'un jugement prononcé contre elle.

Il ne faut pas oublier, du reste, qu'il est bien difficile

aux tribunaux, malgré les révélations des parties — révélations, du reste, suspectes puisque intéressées, — de se rendre un compte exact de la part de responsabilité qui incombe à chacun des époux, dans la création de cette situation, où la séparation devient une nécessité. C'est quelquefois l'époux, en réalité innocent, qui paraît, aux juges, être le coupable. La séparation est généralement prononcée en faveur de l'époux qui a su le mieux prendre ses précautions contre les oreilles indiscrètes et les mains négligentes, et qui est le plus habile à constituer un dossier contre celui qui a parlé trop fort ou qui a trop écrit à des correspondants insuffisamment sûrs. On peut dire que, la plupart du temps, dans les instances en séparation ou en divorce, c'est le plaideur qui a des preuves qui obtient gain de cause, et non celui qui a raison.

Notre distinction n'était donc pas juste ; de plus, elle choquait le bon sens.

Si on considère l'incapacité comme une peine et la capacité comme une récompense, on en est amené à conclure que le législateur voit le mariage d'un mauvais œil, puisqu'il déclare désormais incapable la jeune fille qui se marie.

Si la capacité est une récompense et l'incapacité une peine, le législateur se montre bien sévère pour la femme qui supporte en silence les mauvais procédés de son mari. La femme qui sacrifie son bonheur à elle au bonheur de ses enfants, ou au bon renom de la famille, qui, sans se plaindre, subit les brutalités ou les dédains de son mari, ne paraîtrait digne d'aucune bienveillance, tandis que celle qui, fatiguée de cette existence de douleurs, demanderait aux tribunaux de la dispenser, par la séparation, d'une partie de ses devoirs envers son mari, leur accomplissement lui étant devenu presque impossible, celle-là serait jugée digne d'une faveur et d'une sorte de privilège ! Évidemment, cette femme accomplit, en demandant la séparation, un acte très naturel et très excusable, mais il y aurait quelque exagération à prétendre qu'elle accomplit un acte méritoire. Le mérite n'est pas chez elle, il est chez celle qui, malheureuse en ménage, reste fidèle à ses devoirs, à tous ses devoirs, quels qu'ils soient et si difficiles qu'ils soient.

D'après le même point de départ, on pourrait affirmer que le législateur est favorable au divorce, puisqu'il relève de son incapacité la femme, même condamnée par le jugement de divorce. Il est infiniment vraisemblable que la femme qui a contraint son mari à demander contre elle le divorce, a commis une faute plus grave que celle dont le mari se contente d'une demande en séparation. Le mari qui plaide en divorce cherche à rompre tout lien avec celle qui est sa femme. Il ne songe même pas à une réconciliation possible, cette éventualité du pardon lui paraissant irréalisable.

La femme cependant reconquiert sa capacité. Mais que la femme, après avoir donné à son mari de longues années de bonheur domestique, commette une faute qui ne permette pas à son mari un pardon immédiat, mais qui paraisse au mari pouvoir être lavée par un pardon plus ou moins éloigné, que le mari se borne à demander contre elle la séparation, la femme, quoique moins coupable que dans l'hypothèse précédente, serait restée soumise à la puissance maritale.

Si bien qu'on aurait vu ce spectacle étrange : une femme punie pour des torts légers, récompensée pour des torts graves. La femme contre qui une demande en séparation est formée, trouvant un avantage à se rendre coupable d'adultère, pour pousser son mari à transformer sa demande en séparation en une demande en divorce.

De plus, en considérant l'incapacité chez la femme comme une peine, et en soumettant à cette peine la femme condamnée, forcément et jusqu'à la fin de la séparation, on se fût mis en contradiction avec l'esprit qui a animé le législateur, avec la pensée intime qui l'a toujours guidé. Le législateur a considéré avec raison qu'un seul manquement aux devoirs du mariage pouvait entraîner une condamnation pénale. Il n'a puni que l'infraction au devoir de fidélité. Il va de soi qu'il ne laisse pas à l'époux trompé le soin de se venger à sa guise, mais, s'il ne lui permet pas de fixer une condamnation, il lui permet d'exercer son droit de pardon, soit en ne poursuivant pas, soit en arrêtant les poursuites déjà commencées, soit enfin, une fois la peine prononcée, en en arrêtant l'exécution. Le législateur a pensé que sa sévérité ne devait pas aller plus loin, ni durer plus longtemps que la sévérité du mari, meilleur juge que lui de la réparation qu'exigent son honneur et l'honneur du foyer.

Or, d'après le projet Bardoux, la femme séparée était frappée par le maintien de son incapacité, d'une peine qu'il n'était au pouvoir du mari ni d'empêcher ni d'arrêter.

En réalité, ce n'est pas parce que la femme séparée est innocente qu'on doit la soustraire au joug marital, pas plus que ce n'est parce qu'elle est coupable qu'on doit la laisser sous ce joug. La capacité civile de la femme séparée n'est pas une faveur, c'est une conséquence de ce principe nouveau, que désormais l'incapacité, au lieu de se rattacher au mariage, se rattache à la vie commune.

Essayera-t-on de justifier l'idée de cette distinction, en disant que, tandis que le mari qui a été vaincu dans l'instance peut être suspect, celui qui a triomphé ne peut donner raisonnablement prise au soupçon? A cela nous répondrons que ce dernier, excellent mari pendant la durée du ménage, peut, après la séparation, chercher à exercer une vengeance.

Essayera-t-on de la justifier par cette considération qu'on est en droit de craindre des actes de dilapidation de la part de la femme contre qui la séparation a été prononcée, et fera-t-on au maintien de l'incapacité à l'encontre de cette dernière une mesure de protection pour les intérêts pécuniaires de la famille? A cela nous répondrons que cette défiance n'aurait d'apparence de raison d'être que contre la femme adultère; or, même pour cette dernière, elle nous paraît fort peu fondée. L'intelligence ou l'aptitude aux affaires d'une personne n'est pas en rapport avec son degré de moralité, l'esprit peut vivre côte à côte avec le vice, et, du reste, l'inconduite qui est pour l'homme une cause de ruine, est sans conséquences pécuniaires préjudiciables pour la femme.

Si aucune raison théorique ne nous paraît justifier la distinction du projet sénatorial, nous trouvons deux raisons pratiques qui nous invitent à la repousser.

La première, c'est que le nombre de demandes en séparation venant du mari et basées sur l'adultère de la femme est insignifiant (entre 5 et 9 %)[1] et que, pour une catégorie (la seule qui aurait pu faire désirer le vote de la distinction) aussi peu nombreuse, il eût été assez inutile

---

[1] Le nombre des demandes en séparation formées par le mari n'étant par rapport à celles formées par la femme que dans la proportion de 12 pour 100 environ.

de compliquer une matière déjà assez compliquée,
M. Arnault ayant pu signaler jusqu'à sept situations juridiques différentes, faites à la femme mariée.

Une seconde raison — et plus sérieuse encore — c'est
que cette distinction aurait pu pousser au divorce certaines femmes qui, au fond du cœur, le réprouvent. Comment cela ? Par hypothèse ici, c'est le mari qui demande
la séparation, et une demande reconventionnelle de la
femme, reconnue fondée par la justice, aurait eu pour
effet de lui faire obtenir la capacité. De deux choses l'une :
ou les torts sont seulement du côté de la femme, et, dans
ce cas, la femme n'aurait pas pu davantage demander le
divorce qu'elle ne peut demander la séparation, ou les
torts sont partagés, et alors par une demande reconventionnelle agréée, la femme serait arrivée à la capacité
civile, tout comme par le divorce.

On oublie l'article 310 du Code civil, qui permet à l'un
des époux séparés, à l'époux qui a triomphé comme à
l'autre, de demander au bout de trois ans la conversion
du jugement de séparation en un jugement de divorce.

Après être restée pendant 3 ans sous le régime de l'incapacité, la femme désirant devenir capable eût été
contrainte, pour arriver à son but, de s'appuyer sur l'article 310 et de demander au tribunal une conversion,
d'ailleurs rarement refusée. De ce chef, le nombre des
divorces eût augmenté[1].

---

[1] D'après un projet, dernièrement voté par le Sénat, aurait seul le
droit de demander la conversion l'époux qui a triomphé dans l'instance
en séparation.

DEUXIÈME PARTIE

CONSÉQUENCES DU PRINCIPE DE LA CAPACITÉ DE LA FEMME SÉPARÉE

Le projet Bardoux était donc aussi peu défendable au point de vue pratique qu'au point de vue du bon sens ou des principes du Code. La Chambre fit bien de le repousser en adoptant le projet du Conseil d'État, excellent au point de vue social, excellent au point de vue législatif, et qui, s'il viole les principes du Code civil, ne les viole que parce qu'il marque un pas dans la voie de l'émancipation de la femme mariée, voie où s'engagera certainement un jour, après beaucoup d'autres, le législateur français.

La partie du texte de la loi de 1893, ayant trait à la capacité de la femme séparée de corps, constitue l'alinéa 2 du nouvel art. 311 et est ainsi conçue :

«La séparation de corps emporte toujours la séparation de biens. Elle a en outre pour effet de rendre à la femme le plein exercice de sa capacité civile, sans qu'elle ait besoin de recourir à l'autorisation de son mari ou de justice».

Une remarque qui, quand on lit attentivement cet article, se présente immédiatement à l'esprit, c'est qu'il renferme dans les mots tout au moins une choquante contradiction ; tandis que la première phrase de l'alinéa assimile la séparation de corps à la séparation de biens, et par conséquent semble maintenir la situation faite précédemment par le Code civil à la femme séparée de corps, la seconde phrase du même alinéa nous avertit que la situation de la femme séparée de corps est complètement modifiée, puisque, en vertu de la loi nouvelle, elle recouvre le plein exercice de sa capacité ; si bien que, sous une forme humoristique, on pourrait traduire cette disposition législative de la façon suivante : «Rien n'est changé, mais tout est changé».

M. Thiénot [1] a longuement insisté sur cette critique de rédaction.

«Quant à la forme sous laquelle l'idée d'appeler la femme séparée de corps à l'indépendance juridique a été consacrée dans la loi, elle n'est guère heureuse.

«On a maintenu l'ancienne disposition qui assimile, au point de vue des intérêts pécuniaires, la femme séparée de corps à la femme séparée de biens, laquelle ne jouit que d'une capacité des plus restreintes, et aussitôt dans un alinéa additionnel, on détruit cette analogie en indiquant le nouveau régime réservé à la femme séparée de corps : Celui de la pleine capacité.

«Le législateur dit que la femme séparée de corps est assimilée à la femme séparée de biens comme par le passé, qu'elle ne peut donc faire aucun acte un peu important, sans l'autorisation du mari ou de la justice, mais avec cette différence toutefois, qu'elle peut tout faire, même les actes les plus graves sans autorisation ! »

Il ne faudrait pourtant pas s'exagérer la gravité de ce vice de rédaction, car, si l'expression de la pensée du légis-

---

[1] Thiénot ; *Revue critique*, 1893, pag. 385. Voir aussi Bonnet, avocat à la Cour de cassation ; *Journal du Notariat,* mars et avril 1893.

lateur du 6 février 1893 est obscure, la pensée en elle-
même reste parfaitement nette.

La pensée du législateur du 6 février 1893 est évidemment celle-ci : «La séparation de corps entraîne la division des patrimoines du mari et de la femme, enlève au
mari les droits de jouissance et d'administration qu'il
pouvait avoir sur la fortune de sa femme, et rend à celle-ci
sa pleine capacité.»

L'observation que nous venons de faire, après MM. Thiénot et Bonnet, au sujet du texte de la loi est donc plutôt
une observation littéraire qu'une observation juridique ;
si elle choque les amateurs de clarté dans le langage et
dans le style, la rédaction défectueuse de l'art. 811 n'est
pas de nature à dérouter le commentateur.

Une seconde critique, de forme également, a été faite
au législateur de 1893 ; elle vise la place qu'il a donnée
dans le Code à la règle qu'il édictait. Du moment que
cette règle, a-t-on dit, est une règle de capacité, ce n'est
pas sous l'art. 311 que le législateur aurait dû la placer,
mais sous l'art. 1449.

Cette critique ne nous paraît pas aussi sérieuse que la
première. Dans les articles 1449, 1450, 1451, le législateur indique simplement la capacité de la femme séparée, soit de corps, soit de biens seulement, relativement
à son patrimoine, au lieu que, dans les articles 306 à 311,
il énonce les effets généraux de la séparation de corps.
Or, la restitution de sa capacité à la femme séparée de
corps est bien, comme nous le verrons dans un moment,
un effet général de la séparation, puisque la capacité de
cette femme ne s'arrête pas aux actes ayant trait à la
gestion de sa fortune, mais va jusqu'aux actes intéressant d'une façon plus ou moins directe sa personne. Pour

critiquer la numérotation du nouvel article il faudrait qu'on démontrât d'abord que la capacité de la femme séparée de corps n'existe qu'eu égard à son patrimoine, que la règle de l'art. 311 est une règle d'ordre purement pécuniaire, mais cela nous paraît impossible à démontrer et à admettre.

Cela dit, il ne nous en coûte pas d'avouer que l'attention du législateur aurait dû se porter du côté de l'article 1449, pour le mettre en harmonie avec le nouvel article 311.

Que dit l'article 1449 ?

« La femme séparée soit de corps et de biens, soit de biens seulement, en reprend la libre administration ».

Cet article, n'ayant pas subi de modifications, est aujourd'hui en contradiction avec l'article 311, puisqu'il limite la capacité de la femme séparée de corps aux actes d'administration, alors qu'au contraire l'article 311 reconnaît à la femme séparée de corps une entière capacité.

M. Surville a cru avoir un grief plus grave à invoquer contre le législateur du 6 février 1893 : celui d'avoir maintenu la connexité établie par le Code civil entre la séparation de corps et la séparation de biens :

« Cette disposition de la loi, a dit M. Surville, me paraît, en effet, avoir un double inconvénient. D'abord, elle déroute, peut-on dire, les règles relatives à la séparation de biens. En se reportant, en effet, à l'article 1443 du Code civil, on voit que cette séparation nous y apparaît comme étant une protection accordée à la femme, et que le mari ne peut demander la séparation de biens. Cependant, étant donné que la séparation de corps entraîne la séparation de biens par voie de conséquence forcée, le mari, s'il le désire, pourra provoquer une séparation de cette nature en plaidant en séparation de corps contre sa femme. Il y a là une confusion d'intérêts de nature très différente ; il y a confusion des intérêts moraux et des intérêts pécuniaires. Il arrive trop souvent, en effet, qu'en plaidant en séparation de corps, c'est la séparation de biens qui est le véritable but que l'on veut atteindre. A mon sens, il aurait été préférable d'autoriser simplement les tribunaux à prononcer la séparation de biens, accessoirement à une séparation de corps lorsque les circonstances la font considérer comme désirable, sans en faire, comme l'article 311, une conséquence fatale de la séparation de corps. Mais telle n'est pas la décision de notre loi » [1].

Mais ce grief, alors même qu'il serait fondé, serait de peu d'importance. Peu de personnes songeront à recourir à la séparation de corps pour arriver à la séparation de biens, le scandale d'une instance en séparation étant pour arrêter les maris les plus désireux de faire cesser la confusion qui existe entre leur patrimoine et celui de leur femme, peu de maris ayant assez d'influence sur leur femme pour la décider à garder le silence, et à avouer, par son silence même, des fautes imaginaires et les tribunaux, du reste, n'étant pas tenus de s'en rapporter aux déclarations des époux, mais disposant de moyens d'investigation spéciaux, tels, par exemple, qu'enquêtes policières, interrogatoires sur faits et articles, etc., pour éclairer leur religion.

Le mari, aussi désireux d'arriver à ce but, n'aura d'ail--leurs qu'à simuler des pertes d'argent considérables, et

---

[1] *Revue critique*, 1893, pag. 226.

qu'à décider sa femme — ce qui lui sera mille fois plus facile — à demander contre lui la séparation de biens.

De plus, la fraude, qui constituerait évidemment et par définition un acte illégal, serait de peu de gravité, le refus du législateur d'accorder au mari le droit de demander directement la séparation de biens, n'ayant été appuyé par lui que sur cette raison, qui fait sourire, que le mari est inexcusable de ne pas savoir imposer son autorité et de ne pas savoir contraindre sa femme à lui obéir.

Pour réprimer cette fraude, si rare et si insignifiante, que fallait-il faire ? Il fallait décider que les tribunaux avaient le droit de faire survivre la communauté d'intérêts à la communauté d'existence, qu'ils avaient le droit de maintenir la confusion des fortunes après avoir prononcé la séparation des personnes.

C'eût été une conception bizarre. Les applications en eussent, du reste, été singulièrement difficiles. Si la femme apporte une dot à son mari, elle lui impose, en échange, le devoir de subvenir à ses besoins matériels, conformément aux ressources de la famille ; tant que dure la vie commune, cette clause tacitement contenue dans le contrat de mariage est fidèlement obéie. Ses revenus sont-ils considérables, le ménage vit largement, ses revenus baissent-ils, le bien-être de la famille entière et de la femme par conséquent, diminue d'autant. Mais, après la séparation, comment aurait-on pu maintenir cet équilibre ?

Nous avons déjà dit quels inconvénients il y aurait eu à réduire la femme à une simple pension alimentaire, puisque la crainte de ce résultat aurait été capable de pousser certaines femmes au divorce. Mais il y a plus, pour que l'intention qu'a eue la femme en apportant une dot à son mari

continuât à être respectée, cette pension alimentaire aurait
dû nécessairement varier suivant les ressources de la
communauté, et son chiffre aurait dû être à tout instant
modifié par la justice.

Les tribunaux auraient-ils songé à user de cette faculté
de prononcer la séparation de corps, sans prononcer la
séparation de biens ? Il nous est permis d'en douter ; ou
bien les faits articulés à l'appui de la demande en séparation de corps leur eussent paru insuffisamment démon-
trés, et alors ils eussent rejeté la demande, ou bien les
faits articulés leur eussent paru parfaitement prouvés, et,
dans ce cas, ils n'eussent pas hésité à prononcer la séparation de biens concurremment à la séparation de corps.

Suivre le conseil de M. Surville, c'eût donc été, pour le
législateur de 1893, introduire dans le Code une bizarrerie
législative, qui devait forcément rester sans résultats
pratiques.

Si on n'a pas de bien sérieux reproches à adresser au
législateur, pour avoir fait ce qu'il a fait, pour avoir parlé
comme il l'a fait et là où il l'a fait, on peut regretter qu'il
n'ait pas cru devoir donner à sa pensée les développe-
ments qu'elle comportait, qu'il soit resté muet sur les
conséquences du principe nouveau qu'il posait, et qu'il
ait gardé sur la partie la plus importante de la tache du
commentateur

> ....de Conrart le silence prudent

On dit parfois, à l'Ecole et au Palais, que le législateur
contemporain ne manifeste pas assez de confiance dans
l'intelligence de ses interprètes, qu'à force de vouloir être
clair il est souvent confus, et qu'en insistant trop sur les
conséquences des principes des lois qu'il édicte, en vou-

lant tout prévoir, il noie ces principes dans une foule de
solutions d'espèce, au milieu desquelles on a quelque peine
à les découvrir.

Ici, il est tombé dans l'excès précisément contraire.
Jusqu'à présent ayant à discuter la valeur du principe de
la capacité de la femme séparée de corps, nous n'avons
guère eu qu'à ordonner et à commenter ses paroles, tant
abondants ont été les arguments produits, au cours des
travaux préparatoires, pour ou contre chacun des projets
déposés, chacune des idées émises.

Mais, maintenant qu'il s'agit pour nous de déduire les
conséquences du principe, nous nous trouvons sans
guide, obligés de suppléer au silence du législateur par
des considérations de droit ou de bon sens, n'ayant pour
éclairer notre marche que la double lumière, heureusement
très claire, du Code civil et du but de la loi nouvelle.

Nous verrons plus tard qu'il eût été bon que le législateur s'expliquât dans la loi même sur le régime dotal. Car,
si aucun doute ne peut exister sur la survivance des
clauses de dotalité à la séparation de corps, si l'interprète,
qu'on nous pardonne cette expression vulgaire, doit
conclure en gros dans ce sens, il peut éprouver quelque
embarras à se prononcer sur le point de savoir quelles sont
au juste les clauses de dotalité, et si telle clause en particulier qu'on rencontre dans la partie du Code ayant trait
au régime dotal, malgré la place qu'elle occupe, n'est pas
une conséquence du principe de l'incapacité de la femme
mariée, plutôt qu'une conséquence du principe de l'incapacité de la femme dotale.

Son embarras sera plus grand encore, quand il s'agira
pour lui de savoir si la femme jadis séparée, après la
réconciliation, doit être nécessairement placée sous le

régime de la séparation de biens, en obéissant aux règles de publicité que lui dicte le législateur de 1893, ou si ce n'est là pour elle qu'une faculté, à laquelle elle peut librement renoncer, en se replaçant sous son régime matrimonial antérieur, par l'observation des formalités prescrites par le Code civil.

Mais le législateur a laissé dans l'ombre un point autrement important. Nous avons dit combien fragile et discutable était la règle de l'incapacité, en tant qu'elle déclare la femme incapable quant à ses biens, et combien au contraire puissante et nécessaire est la même règle en tant qu'elle proclame l'incapacité de la femme mariée quant à sa personne.

Le législateur a-t-il fait cette distinction en ce qui concerne la femme séparée ? a-t-il voulu que, pleinement capable dans le domaine des intérêts matériels, elle restât placée sous la tutelle de son mari dans le domaine des intérêts moraux ?

Là-dessus, si nous n'avions, pour nous former une opinion, que les déclarations faites à la tribune du Sénat ou de la Chambre, ces déclarations étant contradictoires, nous serions peut-être fort empêchés ; car, tandis que MM. Flourens, Arnault, Léon Renauld, semblaient admettre la capacité de la femme séparée d'une façon absolue, MM. Allou, Paris, Naquet, semblaient n'admettre la capacité que pour les actes concernant le patrimoine.

C'est avec les premiers que nous sommes contre les seconds, car la distinction dont on pourrait trouver la trace dans les paroles de MM. Allou, Paris, Naquet [1],

---

[1] M. Allou (séance du 18 janvier 1887) : « Je le dis en anticipant un peu, le Conseil d'Etat a rendu à la femme séparée la capacité entière et complète au point de vue de ses biens ».

M. Paris (même séance) : « Au nom de la liberté de conscience, je vous

tombe devant les paroles plus nettes encore et plus autorisées des deux hommes, qui, plus que quiconque, ont con-
tribué à l'élaboration de notre loi, M. Flourens, qu'on
pourrait appeler le père de la loi de 1893, puisque cette
loi est sortie presque tout entière de son savant rapport,
et M. Arnault, député, professeur à la Faculté de Droit de
Toulouse, son premier et son plus consciencieux commentateur devant le Parlement.

Voici ce qu'on lit dans le rapport de M. Flourens :

«Le Conseil a donc adopté une addition à l'art. 311 du
Code civil, dont le but serait, après avoir constaté que la
séparation de corps continuerait à comporter toujours la
séparation de biens, de décider qu'elle aurait en outre
pour effet de rendre à la femme le plein exercice de sa
capacité civile, sans qu'elle ait besoin *en aucun cas* de
recourir à l'autorisation de son mari ou de justice».

M. Arnault est plus explicite encore :

« Aujourd'hui, dit-il, la séparation de corps délie la
femme du devoir d'obéissance (art. 213) de l'obligation
d'habiter avec le mari, et de le suivre partout où il lui
plaît de résider (art. 214), elle va avoir son domicile légal,
distinct, et non plus seulement sa résidence. Les époux
sont mutuellement affranchis des devoirs personnels de

demande de suivre le conseil que vous donnait l'auteur même de la loi
sur le divorce, l'honorable M. Naquet, d'accorder à la femme séparée de
corps, au point de vue de la gestion de ses biens, la même liberté qu'à
la femme divorcée ».

Et plus loin : « La capacité que la femme reprendra n'aura trait qu'à
ses biens personnels ».

M. Naquet, avant de se rallier à l'amendement Pâris, avait proposé la
rédaction suivante :

« La séparation de corps aura pour effet de faire rentrer la femme dans
le plein exercice de sa capacité civile à l'égard de ses biens ».

secours et d'assistance (art. 212), en un mot, la personne
, de la femme est absolument affranchie, sauf de l'obligation de fidélité. Pourquoi ses biens ne le seraient-ils pas
comme sa personne, dans la mesure où le permet le contrat de mariage ? Est-ce que la propriété, les biens, ne
sont pas comme le prolongement de nous-mêmes, comme
notre reflet sur les choses ?

» Et s'il en est ainsi, si la délivrance de la femme peut
être entière, si l'obéissance, quant aux biens, est considérée comme liée à l'obéissance de la personne, si elle
est une conséquence de l'état nouveau, et non pas une
récompense pour l'un et un châtiment pour l'autre, pourquoi distinguer entre la séparation prononcée au profit
de la femme et la séparation prononcée contre elle ? »

D'autres raisons nous font rejeter cette distinction.

Le texte de la loi est absolu : « par le fait de la séparation, la femme recouvre le plein exercice de sa capacité
civile ». Or, il existe une maxime juridique connue, qui
dit que : là où la loi n'a pas distingué, l'interprète n'a
pas le droit de distinguer.

La formule dont s'est servi le législateur fût-elle moins
absolue, fût-elle même douteuse, nous ne devrions pas
trancher la difficulté autrement, et cela, pour deux raisons singulièrement fortes. La première de ces deux raisons, c'est que les abus de l'autorité maritale étant aussi
à craindre après la séparation, quand il s'agit, par
exemple, pour la femme, d'obtenir de son mari l'autorisation de faire le commerce, que, quand il s'agit pour elle
d'obtenir de son mari l'autorisation d'aliéner un immeuble, on ne voit pas pourquoi le législateur du 6 février
1893, qui a voulu faire cesser ces abus, aurait maintenu

6

la nécessité de l'autorisation maritale, dans le premier
cas et dans d'autres semblables. La seconde de ces raisons est la suivante : le but du législateur ayant été
d'assimiler le plus possible la situation de la femme
séparée à celle de la femme divorcée, quand la question
est douteuse, c'est dans le sens de l'assimilation, c'est-à-
dire dans le sens de la liberté, qu'il convient de se prononcer.

La femme séparée est donc devenue, depuis la loi de
1893, aussi indépendante, en ce qui concerne la direction
de sa personne qu'en ce qui concerne la direction de
son patrimoine.

CHAPITRE PREMIER

ACTES RELATIFS AU PATRIMOINE

Nous rangerons sous trois catégories (obligations, aliénations, actions en justice), les différents actes qui concernent la gestion du patrimoine. Nous avons l'intention, à propos de chacune de ces catégories d'actes, d'étudier la situation qui était faite par le Code civil à la femme séparée de corps. Notre étude ne sera d'ailleurs pas simplement une étude historique. Nous savons, en effet, qu'à l'égard de ces actes, la capacité de la femme séparée de corps avant la loi du 6 février 1893 était exactement celle de la femme séparée de biens principalement. Or, la séparation de biens n'ayant subi aucune modification, il s'ensuit qu'en étudiant une institution aujourd'hui disparue, nous aurons du même coup étudié une institution encore vivante à l'heure actuelle, bien que d'excellents esprits, au premier rang desquels se trouve M. Buffnoir, pensent qu'il serait bon de supprimer la dualité qui existe entre la séparation de corps et la séparation de biens, par la restitution de sa capacité civile à la femme simplement séparée de biens.

I. — OBLIGATIONS.

Actuellement, la femme séparée de corps jouit d'une façon absolue du droit de s'obliger. Les obligations qu'elle contracte, quelles que soient ces obligations, quelle que soit leur étendue, quel que soit le motif qui a poussé la femme séparée de corps à les contracter, sont toujours et pleinement valables. La femme séparée de corps peut, aujourd'hui, sans autorisation maritale ni judiciaire, emprunter, acheter à crédit des meubles ou des immeubles, accepter un mandat, acquiescer, se désister, compromettre, transiger.

Il n'en était pas de même pour elle, sous l'empire du Code civil. Il n'en est pas de même aujourd'hui encore, pour la femme séparée de biens.

Et d'abord, la femme séparée de biens peut-elle s'obliger ? Un doute aurait pu naître à cet égard du silence gardé par le législateur.

La femme séparée de biens, aurait-on pu penser, étant en principe incapable, puisqu'elle est sous la puissance maritale, et aucun texte ne venant apporter une exception à ce principe pour lui reconnaître le droit de s'obliger, cette femme est incapable de s'obliger valablement sans le consentement de son mari ou de justice ; cependant, auteurs et juges ont toujours été unanimes à lui permettre de s'obliger seule dans la limite de ses pouvoirs de libre administration.

Pourquoi cela, et quelle raison invoque-t-on pour suppléer ainsi au silence du législateur ?

On invoque tout d'abord une raison de tradition[1]. Dans l'ancien droit, cette solution n'avait fait doute pour personne. Or, n'est-il pas à présumer que, si le législateur du Code civil avait voulu rompre avec une tradition qu'il ne pouvait pas ignorer, qui était plusieurs fois séculaire et qui avait en sa faveur les autorités juridiques les plus

---

[1] Voir Pothier ; *Puissance du mari*, n° 15.— Bourjon ; *Droit commun de la France*, 4e partie, section IV, par. 18.

hautes, c'est en propres termes et non par prétérition qu'il l'eût fait?

A cette raison de tradition, raison qui est d'un grand poids, s'ajoute une raison de bon sens plus forte encore :

Le législateur, reconnaissant à la femme séparée de biens, un droit de libre administration sur son patrimoine, on en doit conclure qu'il a voulu la mettre en état d'exercer, librement et sans entrave, son droit. Il serait puéril d'estimer qu'il a voulu lui retirer d'une main ce qu'il avait eu l'air de lui donner de l'autre, qu'il a entendu lui accorder une demi-indépendance nominale, et non pas une demi-indépendance effective. Or, administration et obligation sont deux termes si étroitement liés l'un à l'autre que, dans la pratique, il est presque impossible de les séparer. La femme séparée de biens, pour exploiter une propriété, est obligée de contracter des engagements envers les ouvriers agricoles : laboureurs, bergers, qu'elle loue. La femme séparée de biens ne peut donner à bail un immeuble, sans contracter les obligations afférentes à la qualité de bailleur.

Si donc la femme séparée de biens, toutes les fois que pour administrer elle a besoin de s'obliger, était tenue de solliciter l'autorisation maritale, c'est presque à tout instant que son droit de libre administration en pratique serait entravé.

La femme séparée de biens peut s'obliger dans la limite de ses pouvoirs de libre administration : Voilà un principe qui est certain. Mais, si le principe est hors de controverse, il est singulièrement difficile de savoir si, dans tel cas déterminé, c'est pour un besoin d'administration que la femme s'oblige. Les actes d'obligation, sur le but desquels il est impossible de se méprendre, ne constituent qu'une très faible minorité. Dans la plupart des cas, un doute peut planer sur le but de l'opération accomplie par la femme séparée de biens.

Supposons qu'elle ait contracté un emprunt, la question à se poser pour savoir si l'obligation signée par la femme non autorisée est cependant valable est la suivante : A quoi ont servi les deniers? Ont-ils servi à la femme à acheter des semences pour ensemencer une terre, à payer des réparations nécessaires faites par elle à un de ses immeubles, à se procurer un troupeau dans le but d'exploiter un bois ou une forêt qu'elle possède, etc....? dans ces hypothèses l'engagement de la femme est valable ; ont-ils servi à augmenter son bien-être, à lui assurer les moyens de faire des largesses, ou à faire faire à un immeuble des réparations voluptuaires, etc.....? l'obligation dans ce cas sera nulle.

L'article 1312 décide, il est vrai, que, dans le cas où l'obligation contractée par un incapable est annulée, le créancier dont la créance s'évanouit, a néanmoins le droit de réclamer à l'incapable une somme équivalente au profit que celui-ci a retiré de l'acte. Mais nous savons que, dans la très grande majorité des cas, ce profit est insignifiant eu égard à la somme totale dépensée, et que la preuve de ce profit réalisé par l'incapable et qui doit être faite par le créancier est singulièrement malaisée à fournir.

Les tiers envers lesquels la femme séparée de biens s'oblige seule, courent donc grand risque de voir les engagements de la femme envers eux ultérieurement annulés.

Ils ont d'autant plus raison de craindre cette éventualité que, quand la femme prétend avoir franchi en s'obligeant, les limites de sa capacité, au lieu que ce soit

à la femme de le prouver, c'est au défendeur à l'action
en nullité à prouver que la femme avait le droit de
conclure seule l'acte dont l'annulation d'après lui est
à tort demandée. La règle : *actori incumbit probatio*
n'est, en effet, pas applicable ici. La femme séparée de
biens qui demande à la justice d'annuler les engagements
qu'elle a souscrits sans autorisation, se trouve protégée
par une présomption d'incapacité. — Femme mariée, elle
est présumée n'avoir pas eu le droit d'accomplir librement l'acte juridique sur la validité duquel les tribunaux
ont à se prononcer, c'est aux tiers à prouver que la femme
pouvait le conclure seule, sans dépasser les bornes de
son droit, ce n'est pas à la femme à prouver que l'acte est
nul, c'est à son adversaire à démontrer qu'il est valable.

Rarement renseigné sur le but que poursuit la femme
en s'obligeant, rarement à même, en cas de contestation,
de fournir la preuve exigée de lui, le tiers avec lequel la
femme séparée de biens contracte, peut avoir la pensée
qu'en astreignant la femme à inscrire dans le contrat
d'obligation la mention qu'elle s'oblige en vue d'un
besoin d'administration à satisfaire, l'obligation de la
femme envers lui se trouvera du coup soustraite à une
annulation subséquente, ou que du moins cette mention
aura pour conséquence de déplacer le fardeau de la
preuve, en le mettant à la charge de la femme séparée de
biens. Mais ce calcul est mauvais; la précaution qu'a
prise le créancier de la femme, de faire indiquer par elle
qu'en contractant elle contracte valablement, se retourne
contre le créancier lui-même, trop habile,' pensent les
tribunaux, pour être sans reproche. La mention qui devait
l'absoudre ne fait qu'aider à la condamner[1].

[1] Voir Laurent, tom. XXII, pag. 325.

Une seule précaution est efficace, c'est celle qui consiste à exiger, toutes les fois qu'un doute peut subsister sur la destination de l'acte, que la femme se munisse d'une autorisation de son mari ou de justice.

Pour la femme simplement séparée de biens, se faire habiliter est chose aisée, il ne lui en coûte qu'une démarche faite sans ennui et facilement couronnée de succès. Mais, avant la loi de 1893, nous savons ce que cette autorisation, comme nous le voyons, en pratique nécessaire alors même qu'elle est superflue en droit, coûtait à la femme séparée de corps d'affronts, de temps et quelquefois d'argent.

II. — ALIÉNATIONS.

La femme séparée de corps peut aujourd'hui, sans avoir aucune autorisation à demander, aliéner ses meubles et ses immeubles. Il n'en était pas ainsi quand sa situation au point de vue de ses droits sur son patrimoine était celle de la femme séparée de biens.

La femme séparée de biens ne peut, en effet, jamais aliéner seule ses immeubles légalement et directement. Là-dessus le Code est formel. A trois reprises, le législateur lui refuse ce droit [1].

Cependant, hâtons-nous de dire que, si elle ne peut les aliéner directement, elle peut les aliéner indirectement. Toutes les fois qu'elle s'oblige valablement, conformément à la règle : quiconque s'oblige, oblige le sien, elle s'oblige sur ses immeubles tout aussi bien que sur ses meubles.

Cette décision de la jurisprudence est parfaitement

[1] Art. 1409, 3°; 1538; 1576, 2°.

raisonnable. Puisque les simples administrateurs des biens d'autrui obligent même sur leurs immeubles ceux dont ils gèrent le patrimoine, lorsqu'ils contractent des obligations dans la limite de leurs pouvoirs d'administration, comment pourrait-on dire que l'article 2092 est inapplicable à la femme séparée de biens, qui, elle, administre sa propre chose?

Disons aussi, après M. Cabouat[1], que directement cette fois, au moyen d'une fraude commode, il est possible à la femme séparée de biens d'aliéner seule la nue-propriété de ses immeubles. Elle n'a pour cela « qu'à donner à un acte sous-seing privé, portant aliénation ou obligation, une date antérieure à la célébration du mariage, sauf au mari ou même à la femme à exercer son action en nullité, qui ne peut réussir que par la preuve de l'antidate ».

Depuis la loi du 6 février 1893, sans avoir à prendre aucun détour, sans avoir à recourir à aucune fraude, la femme séparée de corps peut aliéner ses immeubles.

M. Cabouat croit deviner qu'on discutera la question de savoir si elle peut les hypothèquer. Il se pose donc la question. Nous pensons qu'en se la posant, le savant professeur s'est donné une peine inutile. Si le législateur, énumérant les actes que désormais la femme séparée de corps peut faire librement, avait cité « les actes d'aliénation » sans nommer l'hypothèque, de subtils commentateurs auraient pu décider qu'en reconnaissant à la femme séparée de corps le droit d'aliéner ses immeubles, il n'avait pas entendu lui reconnaître celui de les hypothèquer, l'exercice de ce dernier droit étant plus dange-

[1] *Lois Nouvelles,* année 1893, pag. 321.

reux que l'exercice du premier, puisque les conséquences de l'hypothèque sont lointaines, et généralement échappent au débiteur plein d'illusions. Mais ce n'est pas ainsi que le législateur de 1893 a procédé ; il a dit, en se servant d'une formule absolue : «la femme séparée de corps est capable » et la subtilité des interprètes, qui concevraient un doute sur le droit qu'a la femme séparée de corps de donner librement hypothèque sur ses biens, manquerait décidément de bon sens.

La femme séparée de corps peut aussi, aujourd'hui, librement aliéner son mobilier, meubles corporels et meubles incorporels, à titre gratuit ou onéreux, et pour quelque cause que ce soit.

L'article 1449 paraît reconnaître le même droit à la femme séparée de biens. De quelle façon faut-il traduire cette disposition ?

Un premier point est au-dessus de toute controverse : le mot aliéner, dans l'article 1449, ne doit pas s'entendre de n'importe quelles aliénations, mais des aliénations à titre onéreux seulement.

L'article 1449, en effet, vient partiellement faire échec en faveur de la femme séparée de biens, à la règle de l'article 217. Or, que dit l'article 217 : «La femme, même non commune ou séparée de biens, ne peut donner, aliéner... » ; l'article 1449 reconnaissant à la femme le droit d'aliéner et ne disant rien du droit de donner, ce dernier droit doit, par conséquent, lui être refusé. Ce raisonnement est sans réplique.

Mais suffit-il que la femme séparée de biens aliène à titre onéreux, pour que l'aliénation soit valable ?

La jurisprudence, d'accord avec quelques auteurs (Domolombe, Guillonnard), prétend que l'alinéa 2 de l'ar-

ticle 1449 n'est qu'un développement du principe posé
par l'alinéa 1 ; après avoir déclaré que la femme séparée
de biens a le droit d'administrer librement son patrimoine, le législateur énumérerait certaines conséquences
de ce principe, certains actes qui se trouvent groupés
sous la formule « libre administration ». Cette interprétation étant admise, la conclusion à en tirer, c'est que la
femme séparée de biens, ne pouvant aliéner son mobilier que parce qu'elle a le droit d'administrer, ne pourra
l'aliéner valablement que pour son administration. Que
deviendrait, du reste, disent les partisans de cette opinion, la règle si absolue de l'article 217, en ce qui concerne la femme séparée de biens si on admettait que
cette femme peut toujours aliéner son mobilier à titre
onéreux ?

MM. Aubry et Rau, Laurent, Colmet de Santerre, etc.,
repoussent cette interprétation. D'après eux, le législateur n'aurait jamais songé à établir un lien entre les deux
alinéas de l'article 1449. Il n'est pas exact d'affirmer,
disent-ils, qu'il y a corrélation entre toutes les dispositions
de l'article 1449. Cet article parle successivement du droit
d'administration dans son alinéa premier, et du droit
d'aliénation du mobilier dans son alinéa second. Ce sont
là des dispositions différentes, dont chacune est indépendante de la voisine et qu'il faut se garder de combiner,
sous peine de travestir la pensée du législateur. Quant à
à l'objection qui consiste à prétendre qu'en admettant
cette interprétation, on fait commettre au législateur une
contradiction, M. Laurent la réfute en faisant observer
que l'exception n'a pas la même portée que la règle, puisque, tandis que la règle vise le patrimoine tout entier de
la femme séparée de biens, l'exception ne porte que sur
son mobilier.

Cette opinion, ajoutent ceux qui la soutiennent, n'est-elle pas du reste singulièrement vraisemblable ? Au moment où le Code fut rédigé, la fortune mobilière était insignifiante par rapport à la fortune immobilière, les sociétés financières étant en petit nombre, et les emprunts d'Etat étant rares et peu importants. Il était donc encore vrai de dire : *res mobilis res vilis*. Quoi d'étonnant, dès lors, que le législateur du Code civil ait accordé à la femme séparée de biens un droit sans limite ni restriction d'aliéner son mobilier à titre onéreux ?

Les Tribunaux, nous l'avons dit, entre ces deux opinions, ont opté pour la première.

On voit combien embarrassante est la situation des tiers, à qui la femme séparée de biens aliène son mobilier, et qui souvent, n'ayant pas été en mesure de contrôler, si oui ou non c'est un besoin d'administration qui pousse la femme à aliéner, risquent de voir l'aliénation annulée sans autre ressource, dans ce dernier cas, que de demander à la femme séparée de biens, de leur restituer une somme en rapport avec le profit qu'elle a tiré de l'opération — après avoir prouvé que l'opération a été en partie profitable à la femme.

Une question, discutée encore aujourd'hui à propos de la femme séparée de biens, et qui l'était, par conséquent, avant 1893, à propos de la femme séparée de corps, c'est celle de savoir si elle peut librement convertir un titre nominatif en un titre au porteur. On comprend l'importance de cette question aux yeux de ceux qui estiment que la femme ne peut aliéner son mobilier qu'autant que les besoins de son administration l'y obligent. Une fois le titre dépouillé du nom de son propriétaire, qui seul pouvait mettre les tiers en défiance, en leur faisant connaî-

tre qu'il appartenait à une femme séparée de biens, rien
ne sera plus facile à la femme que de le céder, cette ces-
sion étant sans danger pour les tiers cessionnaires, puisqu'ils pourront s'abriter sous la règle tutélaire de l'article 2279.

M. Lyon-Caen a prétendu que la conversion des titres
nominatifs en titres au porteur était interdite à la femme
séparée de biens : « la femme séparée de biens ne peut
pas, sans l'autorisation de son mari ou de justice, opérer
la conversion de ses titres. Car, suivant la doctrine générale, la femme séparée de biens n'a la capacité d'aliéner
seule ses meubles que pour les besoins de son administration (art. 1449, 1576 C. c.). En faisant convertir ses
titres, elle arriverait à dissiper son patrimoine mobilier,
et échapperait ainsi à l'obligation de subvenir sur ses
revenus aux besoins du ménage » [1].

Ce raisonnement est peu convaincant. Il ne s'agit pas,
en effet, de savoir si l'opération est dangereuse, mais si
elle est licite. Or, s'il est vrai que l'aliénation de son
mobilier au delà des limites de son administration, soit
interdite à la femme séparée de biens, il est vrai également que l'opération dont nous parlons ne constitue pas
une aliénation. Ce que la loi défend, a-t-on dit très justement, c'est l'aliénation et non pas sa préface.

La meilleure preuve que la conversion de ses titres
nominatifs en titres au porteur est permise à la femme
séparée de biens, c'est que le législateur, qui a pris soin
d'entourer cette opération de formalités protectrices,
quand elle est faite par un tuteur de mineurs ou d'inter-
dits, n'a jamais songé à prendre les mêmes précautions à

[1] Sirey, 69, II, pag. 321, 322.

l'encontre de la femme séparée de biens. A quoi eût servi la loi de 1880, si, sous l'empire du Code civil, cette opération eût été interdite aux administrateurs ? Mais si, sous l'empire du Code civil, elle leur était permise, elle est permise à la femme séparée de biens, puisque, en ce qui la concerne, le Code civil n'a été ni modifié, ni complété par une loi semblable à celle de 1880.

Jusqu'ici nous n'avons étudié que les conséquences directes de la loi nouvelle sur la situation de la femme séparée de corps, au point de vue des aliénations et des obligations.

Il nous reste à voir si la loi du 6 février 1893 n'a pas eu pour résultat indirect d'abroger, pour la femme séparée de corps, l'article 1304 du Code civil.

Transcrivons ici cet article :

« Ce temps (le délai décennal par lequel s'accomplit la prescription de l'action en nullité) ne court, dans le cas de violence, que du jour où elle a cessé ; dans le cas d'erreur ou de dol, que du jour où ils ont été découverts ; et pour les actes passés par les femmes mariées non autorisées, du jour de la dissolution du mariage ».

Cette disposition législative se comprend à merveille.

La prescription de dix ans, pour les actions en nullité, repose, de l'aveu de tous les auteurs, sur une présomption de ratification. Le législateur admet que celui qui, ayant le droit d'exercer l'action en nullité, a gardé le silence pendant dix ans, a tacitement renoncé à se prévaloir de la nullité dont l'acte accompli par lui est entaché. Si tel est le motif de cette prescription décennale, il est naturel que le délai de cette prescription ne commence à courir que du jour où rien n'a pu l'empêcher d'intenter un procès, et où son abstention, par conséquent est apparue volontaire. Jusque-là, il n'est pas certain que ce soit dans le but de ratifier l'acte annulable qu'il soit resté les bras croisés.

La femme séparée de corps, par exemple, puisque c'est d'elle que nous nous occupons, avant la loi de 1893, pouvait rester dans l'inaction pour n'avoir pas à solliciter, pour agir, l'autorisation maritale.

Mais, actuellement, l'autorité maritale n'existant plus, pour invoquer la nullité de l'acte qu'elle a passé, elle n'a plus d'autorisation à solliciter.

On pourrait donc être tenté de dire que la prescription commencera à courir contre elle, non du jour de la dissolution du mariage par la conversion de la séparation en divorce, ou la mort du mari, mais du jour où son indépendance est devenue complète, c'est-à-dire du jour de la séparation.

Admettre cette opinion, croire que le point de départ du délai de dix ans doit être placé au moment où l'autorité maritale a cessé, ce serait commettre une erreur.

On ne saurait admettre, en effet, d'autre abrogation tacite d'une disposition législative que celle qui résulte de la promulgation d'une disposition nouvelle directement contradictoire. L'article 1304 continue donc à recevoir son application.

M. Surville a essayé de justifier le législateur de 1893 de n'avoir pas touché à l'article 1304.

D'après lui, si l'obstacle légal à l'exercice de l'action en nullité appartenant à la femme séparée de corps se trouve supprimé du fait de la séparation, un obstacle moral subsiste qui justifie encore le maintien du point de départ de la prescription au jour de la dissolution du mariage.

L'autorité maritale ne peut plus arrêter la femme, soit,
mais la crainte, en blessant le mari qu'elle instruirait d'un
acte de désobéissance, de retarder la réconciliation peut
être assez forte chez elle pour l'empêcher de franchir le
seuil du tribunal. « Quoique la femme soit redevenue
capable par l'effet de la séparation de corps, celle-ci lais-
sant subsister le lien du mariage et, comme conséquence,
la possibilité d'une réconciliation, on comprend que le
délai de dix ans ne commence à courir, même alors, qu'à
partir de la dissolution du mariage. En effet, si la femme
en agissant auparavant avouait qu'elle a passé des actes,
au mépris de l'autorité maritale à une époque où elle y
était soumise, cet aveu pourrait rendre la réconciliation
entre époux plus problématique [1] ».

M. Thiénot a mis à néant cette explication avec un bon
sens victorieux :

« L'action en nullité dont on redoute les conséquences
au point de vue de réconciliation des époux ne se produira
guère plus fréquemment, ce nous semble, que la prescription courre ou qu'elle ne courre pas.

» Bien souvent, ce sont les poursuites de celui qui a
contracté avec la femme, qui révèleront le contrat passé
au mépris de l'autorité maritale, et non pas l'exception
de nullité qu'opposera la femme.

» Si, au contraire, c'est la femme séparée de corps qui
a intérêt à invoquer la nullité par voie d'action directe,
elle n'hésitera pas à le faire au plus tôt, n'ayant plus la
crainte de déplaire à son mari en lui révélant l'acte passé
à son insu.

» Les poursuites de l'adversaire, l'action en nullité de

---

[1] *Revue critique*, 1893, pag. 232.

la femme, seront intentées dès que l'un d'eux croira y avoir intérêt ; cette considération que la prescription ne court pas encore, ne les retardera pas, et ce n'est pas l'approche de la prescription qui provoquerait ces poursuites et action, si aucune des parties ne pense y avoir intérêt[1]».

Concluons, avec M. Charmont[2], qu'il est regrettable que le législateur du 6 février 1893 n'ait pas songé à mettre l'article 1304 en harmonie avec les principes de la loi qu'il édictait, et ajoutons que ce n'est pas à l'interprète à corriger son œuvre et à en effacer une imperfection.

III. — ACTIONS EN JUSTICE.

Nous avons vu que, sous l'ancien droit, quand eut prévalu le principe de l'incapacité de la femme séparée de corps, on continua à reconnaître à cette femme néanmoins le droit d'ester librement en justice.

Aujourd'hui, et contrairement à ce qui avait lieu sous le Code civil, la femme séparée de corps jouit de ce droit, comme elle jouit du droit de s'obliger et d'aliéner.

Pouvant s'obliger et ester en justice, elle pourra, comme le remarque M. Cabouat[3], user des voies d'exécution forcée contre ses débiteurs.

« D'une part, en effet, elle pourra désormais plaider sur les incidents que peut faire surgir une saisie mobilière, la seule que la femme séparée ait pu pratiquer jusqu'ici sous l'empire de l'article 1449 (Garsonnet III, § 537). D'autre part, la saisie immobilière qui n'est encore permise

[1] *Revue critique*, 1893, pag. 386, 387.
[2] *Pandectes chronologiques*, avril 1893.
[3] *Lois Nouvelles*, 1893, pag. 324.

à la femme séparée de biens qu'avec l'autorisation du mari ou de justice (arg. art. 556, Cod. Pr. Civ.), parce qu'elle implique obligation éventuelle de rester adjudicataire pour la mise à prix, devient nécessairement accessible à la femme séparée de corps, sans aucune condition. »

« Du même principe il résulte encore que la femme séparée de corps acquiert, sans contestation possible, le droit de figurer dans la procédure d'ordre, droit qui est encore contesté à la femme séparée de biens (Aubry et Rau V. § 472, pag. 139; Demolombe IV, pag. 124)».

DE L'INFLUENCE DES CONVENTIONS MATRIMONIALES
SUR LA CAPACITÉ DE LA FEMME SÉPARÉE.

Le contrat de mariage exerce-t-il une influence sur la capacité civile de la femme séparée de corps? Le laconisme du législateur de 1893, se bornant à dire que la femme séparée recouvre le libre exercice de sa capacité, sans nous indiquer jusqu'où va cette capacité et où elle s'arrête, nous oblige à nous poser cette question.

Voyons-en la portée.

Et d'abord elle ne se pose ni pour la femme commune, ni pour la femme mariée sous le régime exclusif de communauté, ni pour celle mariée sous le régime de la séparation de biens. Car, sous ces différents régimes, tels qu'ils sont régis par la loi, l'incapacité qui lie la femme est l'incapacité de droit commun, celle qui, d'après le Code civil, frappe toutes les femmes qui se marient, quel que soit le régime matrimonial par elles adopté...

Cette incapacité, conséquence nécessaire de la puissance maritale, doit donc disparaître le jour où, par l'effet
d'une séparation de corps, la puissance maritale elle-
même s'est évanouie.

Aucune incapacité contractuelle et spéciale ne venant
renforcer l'incapacité générale, dès que cette incapacité
générale est levée, rien ne peut plus paralyser le libre
jeu de l'activité juridique de la femme, qui dès lors peut
s'exercer sans rencontrer en face d'elle aucun obstacle
qui l'entrave.

D'où il suit qu'on pourrait croire que le contrat de
mariage est anéanti, que « la charte du foyer domestique »
comme dit M. Troplong, est déchirée, et qu'il ne reste plus
rien des clauses que cette charte contenait.

Sous les régimes dont nous avons parlé, le résultat de
la séparation est bien, en effet, celui-là. Par suite de la
division qui s'opère entre le patrimoine du mari et celui
de la femme, par suite des droits absolus que donne la loi
de 1893 à la femme séparée à l'égard de son patrimoine, si
le contrat de mariage, tant que dure la séparation n'est pas
anéanti, comme nous le verrons plus tard, il est para-
lysé ; si ses clauses ne sont pas biffées, elles sont du
moins frappées d'inefficacité.

D'une part, en effet, le mari a perdu tout droit d'administration et de jouissance sur la fortune de sa femme,
par l'effet de la séparation de biens accessoire à la séparation de corps; de l'autre, la femme séparée de corps est
devenue capable par l'effet de la loi du février 1893 : le
contrat de mariage est donc comme s'il n'était pas.

Il faudrait se garder de trop limiter le champ de notre
hypothèse. Elle vise, il est vrai, d'une façon plus particulière, le cas d'une femme dotale qui s'est constituée en

dot tout ou partie de ses biens présents et à venir. Mais
elle peut viser également le cas de la femme mariée sous
un autre régime qui aurait stipulé l'inaliénabilité de l'un
de ses biens. Nous savons qu'une pareille clause est valable en tant qu'elle s'applique à des biens ne tombant pas
en communauté. C'est ainsi que, sous le régime de communauté, la femme peut, si elle le veut, stipuler que tel
de ses propres ne pourra pas être aliéné ou ne pourra
l'être que sous condition de remploi. Eh bien, supposons
que la femme ait usé de cette faculté que lui a laissée le
Code, ou se soit constituée en dot sous le régime dotal
quelques-uns de ses biens, qu'adviendra-t-il de ces
clauses ?

Devront-elles continuer à être respectées ou au contraire tomberont-elles ? La femme séparée reprendra-
t-elle, à l'égard de ces biens stipulés inaliénables, la complète liberté d'action qu'elle avait avant le mariage, ou
qu'elle aurait si le mariage était dissous par le divorce ou
par la mort de son mari ? Telle est la question que nous
avons à examiner.

Peut-être, avant d'examiner cette question, convient-il
de se demander quelle est la source de cette règle de
l'inaliénabilité dotale.

L'inaliénabilité dotale a-t-elle sa cause dans un caractère de la personne, ou bien a-t-elle sa cause dans un
caractère de la chose ? Le législateur, comme dit M. Paul
Gide, quand il veut empêcher un incapable de toucher à
son patrimoine, a deux moyens à sa disposition : il peut
retrancher ce patrimoine du commerce, ou lier les mains
à l'incapable, en déclarant nulles les transactions qu'il
pourrait faire au sujet des biens compris dans son patrimoine.

Ici, quel parti a-t-il pris ? A-t-il frappé la femme d'incapacité ? Ou bien a-t-il frappé la dot d'indisponibilité ?

Cette question a son importance. Car, si par hasard
on décidait que la dot de la femme est frappée d'indisponibilité pendant la durée du mariage, il va de soi que la
femme séparée, redevenue capable, ne pourrait pas disposer de ses biens dotaux. Le vice de la personne supprimé, le vice de la chose continuerait évidemment à
subsister, l'adoption de ce système couperait donc court
à toute difficulté. On allègue, à l'appui de cette dernière
manière de voir, le texte de l'article 1554, qui déclare
« que les immeubles constitués en dot ne peuvent être
aliénés », formule, qui, dit-on, paraît viser une indisponibilité du fonds dotal, plutôt qu'une incapacité personnelle de la femme. On ajoute qu'aucun texte de nos lois
ne déclare la femme mariée incapable de s'obliger. Il
résulte, au contraire, de nombreux articles du Code civil
(251 et suivants 1124, 1125, 1431, 1449) que, si la femme
mariée ne peut, en général, s'obliger sans l'autorisation
de son mari, elle devient avec cette autorisation aussi
capable que si elle était libre.

Or, il en est ainsi sous tous les régimes ; il n'y a, à cet
égard, rien de spécial au régime dotal, et la femme sous
ce régime comme sous les autres s'oblige valablement
avec l'autorisation de son mari. Si donc les obligations
contractées par la femme dotale ne peuvent point être
exécutées sur ses biens dotaux, cela ne peut venir de
son incapacité, mais de l'indisponibilité de ces biens.
En d'autres termes, ce n'est pas l'incapacité de s'obliger
sous le régime dotal qui engendre l'inaliénabilité des
biens dotaux, c'est leur inaliénabilité qui engendre l'incapacité de s'obliger. On écarte dans ce système l'objection

tirée en sens contraire de l'art. 1391 modifié par la loi
du 10 juillet 1850, en disant que le législateur a employé
les mots «être capable» dans un sens vague comme syno-
nyme d'avoir le droit, et qu'il a voulu dire seulement que
la femme qui n'a pas satisfait aux prescriptions de la loi
sur la publicité du contrat de mariage, a le droit de disposer dans les termes du droit commun, qu'elle ne peut
pas invoquer l'inaliénabilité de la dot contre le tiers avec
lequel elle contracte [1].

Cette opinion a été à bon droit et très vivement com-
battue.

Il est plus exact, en effet, de dire que le fondement de
l'inaliénabilité dotale tient à l'incapacité personnelle de la
femme, ou, en d'autres termes, que c'est la femme que le
législateur a voulu atteindre dans l'art. 1554, en diminuant
sa capacité, et que le bien dotal n'est rendu indisponible
que par voie de conséquence. Si les biens dotaux sont inaliénables, ce ne peut être en vue de la destination de la dot,
car sous tous les régimes la dot a la même destination.
C'est donc dans un but de protection pour la femme que
le législateur les a rendus inaliénables; il a voulu la défendre contre ses propres entraînements, contre son ignorance
des affaires, contre l'abus de l'autorité maritale.

C'est bien d'ailleurs ce motif que l'on donnait déjà à
l'inaliénabilité dotale, soit en droit romain, soit dans
notre ancien droit. Ainsi Justinien motive ses réformes
en cette matière, en invoquant la *« fragilitas sexus »*.
De même, disait d'Olive, « il importe à la femme, par
une heureuse impuissance, d'être empêchée de dis-

---

[1] Demolombe ; *Revue de Législation*, 1835, tom. II, pag. 285 et suiv.
— Mongin ; *Revue critique*, 1886, pag. 92 et suiv., 170 et suiv.— Troplong,
14, nᵒˢ 3312 et suiv.

poser de sa constitution dotale, et qu'elle soit mise en un état dans lequel la fragilité de son sexe se trouve à couvert des séductions que l'on pourrait exercer sur son esprit imbécile pour la porter à se dépouiller de sa dot », *Questions notoires de droit*, liv. III, chap. XXIX. Il est, du reste, un texte qui prouve bien que l'inaliénabilité dotale a pour fondement l'incapacité de la femme ; c'est le second alinéa de l'art. 1391, ajouté par la loi du 18 juillet 1850. Il dispose que, « si l'acte de célébration de mariage porte que les époux se sont mariés sans contrat, la femme sera réputée, à l'égard des tiers, capable de contracter dans les termes du droit commun ». Or, ce texte a pour but de mettre les tiers à l'abri des surprises que pourrait leur faire éprouver une inaliénabilité dotale dont ils n'auraient pas été prévenus; la sanction, c'est que la femme dotale qu'il vise exclusivement est réputée capable de contracter, c'est donc que, quand les formalités légales ont été remplies, la femme dotale est incapable de contracter. En vain objecterait-on que la formule de l'article 1554 paraît viser une indisponibilité du fonds dotal plutôt qu'une incapacité personnelle de la femme. Il faut répondre que les expressions de l'art. 1554 sont exactes, même dans le système actuellement soutenu, car l'incapacité de la femme n'existe que relativement aux immeubles dotaux, et en définitive il est vrai de dire que ces immeubles ne peuvent être ni aliénés, ni hypothéqués [1].

Mais si la règle de l'inaliénabilité dotale est une règle d'incapacité, ainsi que nous le croyons, et ainsi que le décide, à l'heure actuelle, une jurisprudence unanime, la loi du 6 février 1893, en restituant à la femme séparée

---

[1] *Pandectes françaises*, publiées sous la direction de M. Weiss.

sa pleine capacité, n'a-t-elle pas eu pour effet de faire tomber cette règle ?

Incapable quant à ses biens dotaux en vertu du contrat de mariage, la femme, quand la vie commune a cessé, ne devient-elle pas capable, pour cette catégorie de biens, comme elle le devient pour la direction du reste de son patrimoine ?

On pourrait avoir cette pensée, l'identité de mot pourrait nous faire confondre deux choses, en réalité différentes. On ne peut pas dire, en effet, que la règle qui interdit à la femme dotale de faire aucun acte de disposition à propos de ses paraphernaux sans l'autorisation de son mari ou de justice, soit la même qui, d'une façon absolue, l'empêche de disposer de ses biens dotaux. Autre chose est l'incapacité générale qu'il ne dépend que du mari de faire tomber, autre chose l'incapacité dotale, sur laquelle le mari ne peut rien.

La femme dotale est incapable à un double titre, comme femme mariée d'abord, comme femme dotale ensuite. Il y a deux incapacités, dont l'une attachée au mariage est légale et nécessaire, dont l'autre dépendant de l'adoption du régime dotal est conventionnelle et facultative.

Les explications que nous avons fournies sur le but de la loi du 6 février 1893, prouvent que, si le rédacteur de cette loi a voulu soustraire la femme à la première, il n'est jamais entré dans son esprit de faire échec à la seconde.

Son but a été de mettre la femme à l'abri des tracasseries et des exigences pécuniaires d'un mari qui aurait pu être tenté d'abuser de son autorité. Il a voulu empêcher le mari de s'immiscer dans les affaires de sa femme. Mais quand il s'agit de l'incapacité dotale, l'intervention du mari n'est pas à craindre, puisqu'elle serait inefficace, puisque les actes de disposition que pourrait faire la femme dotale autorisée par son mari, ne seraient pas moins nuls que les mêmes actes de disposition faits par elle non autorisée.

Le législateur du 6 février 1893 a entendu permettre à la femme de faire seule les actes qu'auparavant elle ne pouvait faire qu'avec l'autorisation de son mari ou de justice, il n'a jamais eu l'intention de lui permettre de faire les actes que, même habilitée, il lui était impossible de faire avant la séparation.

Il a donc fait échec à l'incapacité générale de la femme mariée, mais non à l'incapacité spéciale de la femme dotale.

L'incapacité dotale survit donc à la séparation. « On voulait seulement, dit M. Bressolles, dispenser la femme de recourir à une autorisation dans les cas où le Code civil l'exigeait ; d'après cela, les actes que la femme ne pourrait faire, même avec l'autorisation, elle ne pourra pas plus les faire qu'autrefois, et en particulier les règles de la dotalité, qui sont des règles d'indisponibilité plutôt que d'incapacité, devront rester intactes ».

Si, sur cette question, la loi du 6 février 1893 est muette, les travaux préparatoires nous fournissent d'utiles indications qui viennent à l'appui de la solution que nous avons donnée, en nous inspirant de l'esprit du Code civil et de l'esprit de la loi qui fait le sujet de notre commentaire.

Un amendement de M. Naquet, aux termes duquel « la séparation de corps avait pour effet de supprimer l'autorisation maritale et de faire rentrer la femme dans le plein exercice de sa capacité civile, à l'égard de ses biens, nonobstant toutes clauses restrictives du contrat de mariage » fut retiré par son auteur. Mais reproduit presque textuellement par un amendement de M. Pâris, qui fut du reste rejeté par le Sénat, il donna lieu à une discussion dans laquelle M. Léon Renault s'exprima de la façon suivante :

« D'après la législation actuelle, dit-il, est-ce qu'un mari pourrait autoriser la femme séparée de corps à aliéner le fonds dotal? Incontestablement non. Par conséquent, la disparition de la nécessité de l'autorisation maritale, après que la séparation de corps a été prononcée, n'a rien à voir avec l'inaliénabilité du fonds dotal, il ne s'agit que d'autoriser la femme séparée à faire seule, en vertu de sa capacité, les actes pour lesquels elle est obligée de demander aujourd'hui l'autorisation de son mari.

» Précisons bien, Messieurs, ce que l'amendement Pâris vous propose d'abolir. L'autorisation maritale, actuellement, est nécessaire à la femme pour recevoir, pour disposer de ses biens personnels, pour ester en justice, pour un certain nombre d'actes essentiels qui se lient à sa capacité civile. Le jour où vous aurez déclaré que, lorsque rien ne subsiste plus de l'association conjugale dans sa réalité, dans sa sainteté, quand il y séparation de corps entre les deux époux, il n'y a plus lieu pour la femme de réclamer l'autorisation de son mari ou de la justice, pour aliéner, recevoir, ester devant les tribunaux, il n'en résultera pas forcément que les contrats de mariage disparaîtront, que leurs stipulations seront anéanties, ces contrats ne peuvent disparaître qu'à l'instant où le mariage lui-même est dissous par la mort ou le divorce. La puissance maritale ne les a pas créés, ce n'est pas elle qui les soutient, elle n'a rien à voir avec eux ».

D'autre part, le rapporteur de la loi à la Chambre des
députés, M. Arnault, ayant rappelé les paroles de
M. Bressolles que nous avons citées plus haut, leur donnait sa pleine adhésion.

Commandée par les principes du droit, notre décision
l'est donc aussi par les affirmations précises qui se sont
produites au Parlement ; dès lors, aucun doute ne saurait
subsister.

Mais si, ce qui doit être admis d'une façon générale,
les clauses de dotalité sont maintenues après la séparation, ne sied-il pas d'établir une distinction entre celles
qui interdisent l'aliénation d'une façon formelle et celles
qui la permettent sous certaines conditions ? Ferons-nous
de toutes ces clauses un bloc indivisible et dirons-nous
que ces clauses doivent toutes être observées après la
séparation, de la même façon qu'elles l'étaient auparavant?

Il nous semble que les explications que nous avons
fournies pour démontrer la survivance du régime dotal
doivent avoir précisément pour conséquence de limiter
la portée de la règle que nous avons posée.

La femme ne pourra pas faire, après la séparation, les
actes qu'il lui était interdit de faire pendant la durée de
l'association conjugale, mais elle pourra faire seule les
actes qu'à cette époque il lui était loisible de faire avec
l'autorisation de son mari, ou, en cas de refus du mari,
de justice. Voilà le criterium que nous devons adopter.

Partant de cette double idée, nous devrons décider :

1° Que, dans l'hypothèse de l'article 1557, la femme
pourra librement aliéner l'immeuble dotal ; M. Cabouat
lui-même, quoique ne faisant pas la distinction que nous

établissons, est pourtant contraint d'admettre cette solution ;

2° Que, dans l'hypothèse de l'article 1555, la femme pourra librement aliéner la nue-propriété de ses biens dotaux.

3° Mais qu'au contraire, dans le cas des articles 1556, 1558, 1559, la femme séparée devra observer les mêmes formalités que durant le ménage.

Que décider au sujet de la clause de remploi ? déciderons-nous que les conditions requises, au temps de la communauté d'existence, pour que le remploi soit valable, doivent être encore observées après la séparation ? Si nous adoptons cette opinion, nous aboutirons pratiquement à supprimer la clause de remploi. En effet, d'après le Code, c'est le mari qui vend l'immeuble dotal et qui, avec les deniers provenant de cette vente, acquiert un nouvel immeuble qui est subrogé au premier dans le patrimoine de la femme, aussitôt que celle-ci a accepté. Nous voyons que, dans cette opération complexe qu'on peut scinder en trois opérations distinctes, le rôle prépondérant appartient au mari, la femme n'intervenant que pour ratifier ce que son mari a fait ; le mari est seul en cause dans les deux premiers actes juridique s. Cela étant, nous pouvons être certains que le mari séparé de corps d'avec sa femme, s'il ne peut pas faire un remploi contraire aux intérêts de celle-ci, puisque la nécessité d'obtenir d'elle d'une acceptation de ce remploi l'en empêche, en tout cas se gardera bien de se donner les soucis qu'entraîneraient pour lui une vente et une acquisition, peut-être du reste inutiles, par suite du refus d'approbation de la femme, pour essayer de substituer, dans un patrimoine qui lui est devenu étranger, à l'immeuble dotal un autre immeuble qu'il suppose avoir une plus grande valeur ou être d'un revenu plus considérable.

La facilité donnée aux époux par le contrat de mariage, d'échapper aux inconvénients qu'une clause de dotalité sans atténuation aurait pour eux deviendra lettre morte, et la clause de dotalité sera, dans ce cas, en pratique supprimée par la séparation. Si le patrimoine de la femme est en train de dépérir, il sera impossible à la femme de le transformer autrement qu'en suivant la procédure longue et coûteuse de l'article 1558. La dotalité stipulée pour la conservation du fonds dotal aura pour effet sa diminution.

En pratique, voici donc à quoi nous aboutirions : le mari n'étant plus intéressé à augmenter le patrimoine de sa femme ou à l'empêcher de sombrer par des remplois avantageux, puisqu'il n'y serait poussé ni par une affection qui n'existe plus, ni par un intérêt personnel qui a disparu depuis qu'il a perdu son droit de jouissance, et la femme ne pouvant pas faire seule de remploi valable, l'inaliénabilité de biens dotaux deviendrait absolue. Cette inaliénabilité absolue, que le législateur n'a établie qu'à regret, dans l'intérêt du mariage, prendrait la place de l'inaliénabilité relative que le contrat de mariage édicte, et cela au moment précis où, les deux époux étant séparés, les raisons qui ont poussé le législateur à faire cette concession sont le moins puissantes et ont le moins de force.

En faveur de cette opinion, on peut dire ceci : nous savons que l'immeuble dotal reste inaliénable, même après la séparation de corps; or, la clause de remploi n'empêche pas que l'immeuble ne soit dotal et par conséquent qu'il soit impossible à la femme séparée de l'aliéner. De plus, comment peut-on soutenir qu'une loi qui a

pour but de soustraire la femme mariée dans une situation déterminée à la puissance maritale et ainsi de la
dispenser de requérir aucune autorisation, puisse lui
donner le droit de faire seule, non pas ce qu'autrefois
elle ne pouvait faire qu'avec l'autorisation de son mari
ou de justice, mais ce qu'autrefois son mari faisait seul,
sauf ratification de sa part?

Se plaçant sur le terrain des intérêts pratiques, les partisans de cette opinion pourraient nous faire l'objection
suivante : l'expérience des affaires nous apprend que les
époux gênés dans leurs actes de dissipation par la barrière de l'inaliénabilité dotale ont recours, au cas où
une clause de remploi leur permet de franchir, sous certaines conditions, cette barrière, à ce qu'on nomme d'un
mot, du reste impropre, des remplois fictifs. La femme et
le mari vendent un immeuble dotal pour une somme de...
et achètent, soi-disant au même prix, un immeuble d'un
prix en réalité moindre, gardant ainsi pour eux la différence entre le prix réel de ce dernier immeuble et le prix
porté au contrat; la femme peut avoir, dans ce cas, un
recours contre l'acheteur du bien dotal, contre le vendeur
de l'immeuble acquis en remploi, contre le notaire et contre son mari. Mais, très souvent, son recours n'est vraiment efficace que contre ce dernier. La responsabilité de
l'opération, si le contrat de mariage dispense l'acheteur
du bien dotal, comme il arrive, la plupart du temps, de
constater la suffisance du remploi, et qu'il soit de bonne
foi, n'ayant pas consenti à ce qu'on dissimulât au contrat
une partie du prix de son acquisition, ne saurait peser
sur lui. Le notaire de bonne foi échappera également au
recours, et c'est justice, car on ne saurait obliger les no-
taires à se rendre compte de la valeur des immeubles qui

se vendent ou qui s'achètent dans leur étude ; le recours,
évidemment, est possible contre le vendeur qui a laissé
déclarer dans l'acte un prix supérieur au prix réel, mais
ce recours sera presque forcément illusoire, les agents
d'affaires qui se livrent à ces trafics étant assez habiles
pour paraître insolvables quand il convient ; neuf fois sur
dix, par conséquent, la femme n'aura, pour répondre de
la dilapidation de sa dot, en face d'elle, que son mari.

Pendant la vie commune, pour que l'opération illicite,
dont nous parlons, soit possible, il sera nécessaire d'une
entente entre la femme et le mari ; or, celui-ci se gardera
généralement de faire une opération qui, un jour, pourrait se retourner contre lui. Au lieu qu'après la séparation,
dans le système d'après lequel la femme pourrait faire
seule le remploi, le consentement du mari n'étant plus
nécessaire, et le mari, dès lors, ne pouvant pas être tenu
responsable, la femme, en fait, ferait de ses biens dotaux
aliénables sous condition de remploi ce qu'elle voudrait,
et ne pourrait s'en prendre à personne de sa ruine.

Cette objection pratique peut être sans peine réfutée.
Le danger qu'on redoute dans le cas de séparation de
corps peut tout aussi bien se présenter dans le cas où les
époux vivent d'une existence commune. On parle dans ce
cas d'une entente nécessaire entre le mari et la femme,
mais l'état de gêne où se trouvent les époux qui font
l'opération dont nous parlons, doit les disposer à accepter
cette solution, momentanée il est vrai, à la misère qui
les étreint. Quant au recours possible de la femme
contre le mari, il est bien peu sérieux, puisque ce n'est
que dans l'hypothèse où la fortune du mari est dévorée
et où le mari ne peut plus obtenir de crédit, son insolvabilité future étant aussi certaine que son insolvabilité

présente, que les conjoints songent à se livrer à cette
fraude. De plus, tandis que dans l'état de séparation la
femme ne pourrait être placée que par sa faute dans une
situation si misérable que la pensée de cette fraude devrait
forcément germer dans son esprit, pendant la durée de la
vie commune, ce sont souvent les actes de dissipation de
son mari qui l'y conduisent.

Du reste, si les principes du droit nous mènent à cette
solution, pourquoi hésiterions-nous à l'admettre ? Vouloir fermer toutes les issues à la fraude est impossible,
l'essentiel pour le commentateur est de ne pas lui en ouvrir
de son autorité propre de nouvelles.

Reste donc l'argument de droit, nous lui faisons la réponse suivante : Entre la façon de procéder habituelle
quand il s'agit pour la femme de vendre un immeuble ou
d'en acheter un, et celle dont nous parle le Code pour le
cas d'un remploi, la différence est plutôt une différence de
forme qu'une différence de fond. Ici comme ailleurs, en
réalité deux consentements sont exigés : celui de la femme
et celui du mari, et on doit voir dans le rôle prépondérant du mari ici, non pas une innovation aggravant
l'état de dépendance de la femme, non pas un renforce-
ment de l'autorité maritale dans un cas particulier, mais
simplement une sorte de souvenir involontaire, une sorte
de réminiscence du temps lointain où le mari était propriétaire de la dot.

Ce qui le prouve c'est que, si le Code parle du mari
faisant deux des opérations dont se compose le remploi,
il n'entend pas cependant les lui imposer. C'est un droit
qu'il lui concède et non une obligation qu'il lui dicte, et
les tribunaux n'ont jamais hésité à déclarer valable le
remploi fait par la femme avec l'autorisation de son

mari ou au refus du mari à donner à la femme l'autorisation qui lui est nécessaire.

Mais si le remploi, tant que dure la vie commune, est
valablement fait par la femme autorisée, une fois la séparation prononcée, le remploi fait par la femme seule doit
être également déclaré valable par application de ce principe, que la femme peut faires, eule postérieurement à la
séparation, les actes qu'elle pouvait faire antérieurement
avec l'autorisation de son mari ou de justice.

C'est en partant de ce principe que tout à l'heure nous
donnions une autre solution pour les hypothèses prévues
par l'article 1558.

Si l'autorisation de justice dans ces différentes hypothèses n'avait été établie que pour suppléer à l'autorisation maritale, si elle n'avait été édictée par la loi que pour
obvier aux inconvénients d'un refus sans cause valable
opposé par un mari capricieux, fantasque, à un projet
d'aliénation conçu par la femme, nous tomberions sous
la règle générale, et la femme, une fois séparée, pourrait
se passer de cette autorisation de justice, comme elle peut
se passer de l'autorisation de son mari. Mais il n'en est
pas ainsi; quand le ménage existait, il ne dépendait pas du
mari, dans ces hypothèses, d'autoriser l'aliénation, et cela
se comprend à merveille, car s'il eût pu autoriser l'aliénation, la règle de l'aliénabilité dotale aurait été livrée à la
merci des deux époux. L'article 1558 ne saurait donc être
considéré comme une conséquence de l'incapacité de la
femme mariée, c'est bien une incapacité dotale, elle doit
donc survivre à la séparation de corps.

Jusqu'à maintenant, nous n'avons parlé que du fonds
dotal, de la dot consistant en immeubles. Mais nous

8

savons qu'une jurisprudence unanime et de près d'un demi-siècle, quoiques ses bases juridiques soient fragiles, étend le principe de l'inaliénabilité dotale à la dot mobilière elle-même. Il est bien entendu que la dot mobilière restera inaliénable après la séparation de corps, comme elle l'était auparavant. On ne comprendrait pas que la règle de l'inaliénabilité, immuable quant aux immeubles, fléchît quant à la dot mobilière. Aussi bien la difficulté ne porte-t-elle pas sur ce point. Que la dot immobilière reste inaliénable après la séparation de corps, voilà ce qui ne saurait faire de doute pour personne. Seulement, du moment qu'il maintenait cette règle, il nous semble que le législateur aurait dû s'arranger pour qu'elle fût toujours respectée. Or, après la séparation de corps, comme du reste après la séparation de biens, elle pourra être dans certains cas facilement et impunément violée.

Nous pouvons faire certaines hypothèses : la dot mobilière consiste en titres nominatifs, en titres au porteur, en créances, en meubles corporels.

Supposons la dot mobilière consistant en titres nominatifs, il est certain que, dans ce cas le caractère dotal du titre apparaissant dans la mention qui s'y trouve, l'aliénation en sera impossible. Il ne sera pas possible à la femme d'enlever à ce titre sa marque de dotalité, l'aliénation pure et simple de ce titre sera donc interdite à la femme, son aliénation sous condition ne lui sera permise que si le contrat de mariage l'autorise, et en suivant les formalités prescrites par le contrat de mariage.

Pour ce qui est des titres au porteur, la question ne se pose même pas, rien n'empêchera la femme de dissiper la dot quand elle sera composée de la sorte. Directement, sans avoir besoin de prendre un biais, la femme pourra librement aliéner sa dot. Cela est d'autant plus grave qu'elle n'aura pas de recours. Les tiers qui auront traité au sujet des titres au porteur seront de bonne foi ou paraîtront l'être; quant au mari, après la liquidation qui a suivi la séparation de corps, n'ayant rien conservé du patrimoine de sa femme, ayant perdu tous droits sur ce patrimoine, il ne pourra plus être déclaré responsable, et à la dissolution du mariage la femme ou ses héritiers n'auront pas la garantie de l'hypothèque légale, bien que la loi, sans raisons bien sérieuses du reste, l'ait maintenue après la séparation. Etranger aux actes de prodigalité de sa femme qu'il n'a pu empêcher, il est naturel que le mari ne réponde plus de la dissipation de la dot mobilière sur ses biens personnels.

Il est très rare que l'emploi des sommes dotales soit imposé par le contrat de mariage. Il arrive souvent que, pour laisser une certaine indépendance au mari, pour ne pas le ligotter dans des liens trop serrés qui ne lui permettaient aucun mouvement, la future épouse ou ses parents, comptant sur la garantie d'une hypothèque incessible, et lorsque le futur époux peut donner à cette hypothèque une assiette suffisante, ne lui imposent pas d'emploi. Mais une fois la liquidation opérée, quand la femme aura touché le montant de ses créances dotales contre son mari, la garantie sur laquelle on avait fait fonds, quoique subsistant au point de vue théorique, au point de vue pratique, a disparu.

La femme séparée pourra-t-elle aliéner ses meubles corporels? Nous savons que, pendant le ménage, la jurisprudence le lui interdisait, mais elle le permettait au mari en qualité d'administrateur des biens dotaux, et non pas seulement dans la limite de ses pouvoirs et des besoins de l'administration, mais d'une façon complète et absolue. Dans le ménage donc, l'administrateur pouvait faire ce qui était interdit au propriétaire. Après la séparation, la femme réunissant les deux qualités, comment pourrait-on soutenir que l'aliénation de ses meubles corporels lui est interdite ? Propriétaire et administratrice à la fois, nul doute qu'elle pourra faire ce qui était permis à son mari simple administrateur.

Le lui défendrait-on en vertu d'un principe que nous ne devinons pas ou d'un raisonnement insoupçonné de nous, nous nous demandons de quelle façon on pourrait faire respecter cette défense. Les tiers pourraient aisément invoquer la maxime : en fait de meubles possession vaut titre, la femme aurait d'ailleurs à prouver pour les revendiquer qu'ils n'ont pas été acquis avec une partie de ses revenus restée disponible après paiement des frais de nourriture et d'entretien, excédent qui d'après la jurisprudence et les auteurs n'est pas dotal.

Que les partisans de la survivance du régime dotal à la séparation de corps, que ceux qui approuvent le législateur de 1893, de n'avoir pas touché aux clauses qui dans le contrat de mariage ajoutent une incapacité de plus à cette incapacité de la femme mariée qui se défend si mal et que pour notre part nous voudrions voir disparaître, regrettent de voir en fait le principe de l'inaliénabilité de la dot mobilière, devenu dans la plupart des cas lettre morte après la séparation, alors surtout que la fortune mobilière s'accroît de jour en jour et à l'heure actuelle, d'après les économistes, égale la fortune immobilière[1], cela est aisé à comprendre.

[1] Pour la France, fortune immobilière: 100 milliards en iron, et fortune mobilière: 100 milliards également environ.

Mais nous ne nous en émouvons pas outre mesure, car, à notre humble avis, la réforme de 1893, pour être complète et pleinement efficace, aurait dû effacer l'incapacité dotale comme elle a effacé l'incapacité générale.

Cette opinion peut paraître hardie, nous demandons à la défendre.

Il nous paraît que la raison qui a fait adopter par les parties le régime dotal n'existant plus, une fois les époux séparés et le ménage dissous, l'incapacité dotale aurait dû disparaître. Nous pensons qu'il n'y aurait eu aucun inconvénient à adopter cette solution, et qu'au contraire il y aurait eu cet avantage de ne pas faire entrer en ligne de compte cette considération du maintien de la dotalité pour la femme dotale qui désire s'affranchir du joug conjugal et qui, dans l'état actuel des lois, si sa préférence pour la séparation est faible, et son désir de rompre les liens de dotalité, ardent, optera pour le divorce.

Quel est donc le motif qui pousse la femme à adopter le régime dotal malgré les inconvénients sérieux qu'il entraîne? Laissons de côté les raisons inconscientes de tradition ; c'est le désir de mettre son patrimoine à l'abri des contre-coups qu'aurait pour elle, sous un autre régime, le mauvais état des affaires de son mari, c'est le désir de lui permettre d'échapper sans refus offensant aux sollicitations de son mari, qui aurait pu songer d'obtenir de l'argent par la vente de ses immeubles ou du crédit avec sa signature. Les époux sous ce régime ayant pieds et poings liés, la fortune de la femme ne sera pas augmentée, soit, mais au moins elle ne sera pas dilapidée. La femme ne prendra pas sa part des bénéfices, si bénéfices il y a, mais dans le cas où il y aurait des pertes, le mari sera seul à les supporter. D'où il suit que c'est avec raison qu'on a dit qu'en stipulant le régime dotal, la femme prenait une précaution contre son mari et accomplissait un acte de défiance à l'égard d'elle-même.

Pour démontrer cela, outre les leçons de l'expérience, nous n'aurons qu'à citer deux passages d'éminents jurisconsultes, qui en termes excellents développent cette pensée.

« L'immeuble dotal, dit M. Labbé, est inaliénable par un motif tiré de la situation de la femme, c'est parce que la femme est en fait sous l'ascendant de son mari, c'est parce qu'en fait une femme qui a confiance en son mari, ou qui ne veut pas troubler la paix de son intérieur, aliène, promet, s'oblige sur la seule inspiration de son mari, c'est parce qu'on a voulu que la femme ne fût pas victime de sa confiance ou de sa faiblesse. Voilà pourquoi le fond dotal a été déclaré inaliénable [1]. »

« Il se peut, dit M. Gide, que l'inexpérience de la jeune fille, que les habitudes dissipées du jeune homme inspirent aux parents des inquiétudes sur l'avenir du nouveau ménage. La loi comprend cette sollicitude, elle se prête aux vœux de ces familles défiantes ; c'est pour elles qu'elle a organisé le régime dotal, cette espèce de régime préventif qui, pour abriter la dot, frappe le mari d'impuissance et l'épouse d'incapacité. La femme qui accepte un pareil régime, est censée confesser sa propre incapacité naturelle et appeler, au secours de sa faiblesse, la protection de la loi. Le régime dotal est donc, aujourd'hui encore, ce qu'il a été dans tous les temps, un secours offert à la faiblesse de la femme [2]. »

[1] *Revue critique*, 1856, pag. 1 et suiv.
[2] Gide ; *Condition privée de la femme*, pag. 511.

Si les choses sont ainsi, si le régime dotal n'a été dans l'esprit de la femme qu'une barrière contre les abus d'influence possibles de son mari et contre sa propre faiblesse, il n'y a plus, après la séparation, aucune raison de le maintenir. Après la séparation, ce qui est à craindre, c'est que les époux cherchent des occasions de se faire sentir leur colère, et non pas que, par affection excessive l'un pour l'autre, ils se laissent aller à sacrifier directement ou indirectement, immédiatement ou pour l'avenir, une portion quelconque de leur patrimoine. Ce n'est pas à sa femme, qu'il sait aigrie contre lui, disposée à la malveillance, que le mari ira demander une aide pécuniaire autrement qu'en vertu du devoir de secours et d'assistance, et dans ce cas devant la justice, ou songera à aller conseiller une opération ayant pour objet la transformation totale ou partielle de son patrimoine, opération qui serait repoussée, alors même qu'elle serait excellente.

A ce raisonnement trois objections peuvent être faites; on peut dire : « Prenez garde d'offrir aux époux désireux de rompre les lanières de la dotalité un moyen détourné, mais le seul possible d'arriver à leur but, en leur permettant d'y atteindre par une séparation simulée suivie d'une prompte et ironique réconciliation»; nous répondons à cela que ce danger n'est guère à craindre et que, d'ailleurs, le divorce existant, la fraude qui ne pourra pas se commettre par la séparation aboutira par le divorce. Peut-on supposer qu'il y ait beaucoup d'époux assez vils pour se reprocher des griefs imaginaires et des griefs sérieux, car étant à inventer ils inventeront des griefs assez graves, pour que la fraude doive forcément réussir, soudoyant des témoins, inventant de toutes pièces une véritable comédie judiciaire avec les juges pour spectateurs, livrant leurs noms à la chronique scandaleuse, que, malgré leurs démentis subséquents, ils n'empêcheront pas de croire sincère ce qui n'a été que simulé, et tout cela pour aboutir à un simple résultat pécuniaire ?

Du reste, généralement les époux à qui les revenus des biens dotaux ne suffiraient pas pour vivre, n'en seront pas réduits à prendre ce détour répugnant pour arriver à l'aliénation; ils auront la ressource de la demander franchement et loyalement à la justice, conformément au deuxième alinéa de l'article 1558.

N'est-ce pas, d'ailleurs, faire injure aux magistrats que de les croire incapables de vérifier le degré de sincérité des articulations formulées devant eux ? N'y aurait-il pas quelque contradiction à les charger de vérifier ce point-là, quand il s'agit d'empêcher les époux d'arriver à une séparation ou à un divorce par consentement mutuel, et de les en croire incapables, quand il s'agit d'empêcher les époux d'user d'un biais pour faire tomber les clauses de dotalité ?

Mais admettons qu'un certain nombre y eussent songé et y fussent parvenus; pour cette infime minorité, valait-il bien la peine de maintenir des règles qui, normalement, auraient dû disparaître ?

Au moins la fraude est-elle rendue impossible ? Nous ne le pensons pas. Nous sommes persuadé que les époux assez peu délicats pour avoir songé à user de la séparation, dans ce but, n'auront aucune hésitation à se servir du divorce, qui leur donnera pleine satisfaction. Par hypothèse, ce ne sont pas les scrupules qui les gêneront, le scandale d'un divorce n'est guère plus grand que celui d'une séparation, les juges prononcent aussi facilement l'un que l'autre.

Dira-t-on avec M. Bressolles, à un autre point de vue, qu'il convient de ne pas faire de la séparation un régime trop commode qui tenterait trop la femme ? Il nous semble que l'obligation de fidélité maintenue crée à la femme une situation assez dure pour qu'elle ne songe pas à profiter sans motifs de cette ressource. La femme qui, plus que l'homme encore, a besoin d'affection, y réfléchira à deux fois, avant de quitter son foyer sans espoir de s'en refaire un autre.

Parlera-t-on d'une réconciliation possible et de la crainte naïvement exprimée par ce vieil auteur que nous avons cité, à savoir, que le mari ne veuille pas reprendre sa femme, quand celle-ci n'aura plus aucun surcroît de bien-être matériel à lui apporter ?

Nous répondrons deux choses : d'abord que, dans l'esprit du législateur de 1893, la séparation peut être un fait, une situation définitive, puisque, amendée, elle doit précisément, d'après ses vœux, enlever au divorce une partie de sa clientèle ; et que, du reste, n'eût-elle pas ce caractère, la femme ou le mari, au moment où ils demandent la séparation, n'ont que très rarement en vue une réconciliation possible, car, s'ils pouvaient supposer que les griefs qu'ils ont l'un contre l'autre, doivent un jour s'évanouir, que leurs relations deviendront plus cordiales, cet espoir serait suffisant pour les détourner d'une instance judiciaire qui ne peut qu'envenimer leur rancune, jeter le discrédit sur la famille, et retarder la réalisation d'une éventualité qu'ils désirent voir se produire.

On peut dire : si les revenus de la dot de la femme ont été suffisants pendant la durée de la vie commune, en quoi le maintien de la dotalité gênerait-il la femme après la séparation ? Il peut se faire que ses revenus soient devenus insuffisants du jour où les revenus du travail et de la fortune du mari ne sont plus venus se joindre à eux. Il est vrai que, dans ce cas, la femme peut demander l'aliénation à la justice, mais nous savons que la justice hésite beaucoup à toucher à l'inaliénabilité, et il est fort possible que, si la femme a strictement de quoi vivre, la justice ne veuille pas lui permettre, pour continuer le même train de vie que pendant l'existence du ménage, d'aliéner ses biens, dans le but d'obtenir un capital qui lui permette d'entreprendre un commerce ou une industrie ou de les hypothéquer, dans le but d'obtenir un surcroît de crédit. Il peut se faire, en outre, qu'elle ait des enfants d'une autre union à établir, la dotalité maintenue et le mari refusant de donner son autorisation, ce qui arrivera fatalement, elle ne pourra leur donner que la nue propriété de ses biens dotaux, ce qui, si elle est jeune, ne constituera qu'une dotation insignifiante, sa fortune fût-elle considérable.

Il peut donc se présenter des cas où, après la séparation, la dotalité impose à la femme une gêne plus grande que pendant le ménage, et qu'elle supportera plus malaisément, l'avantage qui compensait cette gêne, à l'époque où l'influence du mari était à redouter n'existant plus; partant, on peut concevoir que des femmes dotales, pour échapper aux entraves de la dotalité, préfèrent le divorce à la séparation.

Nous aurions voulu que le législateur du 6 février 1893 fût plus hardi qu'il ne l'a été, et que dans un cas où il y aurait eu quelques avantages à le faire, il eût porté la main sur le régime dotal, ce qu'il aurait pu faire avec d'autant moins de scrupules que par les entraves qu'il oppose à l'initiative des époux, par l'immobilité dont il frappe une partie de la fortune publique, par l'atteinte qu'il porte à la sécurité des transactions, le régime dotal est un régime contraire à l'intérêt social, mieux fait du reste pour une société où les affaires sont rares que pour la société actuelle, où le commerce et l'industrie ont pris l'extension que nous savons, mieux fait pour des gens tranquilles, sans ambition, suffisamment contents de ne pas ébrécher leur fortune et consentant volontiers à ne rien gagner, pourvu qu'ils ne s'exposent pas à perdre, que pour nos contemporains, que stimule le désir de s'enrichir ; que beaucoup de jurisconsultes et de praticiens désirent la disparition de ce régime très critiqué et très critiquable, ses inconvénients leur paraissant hors de proportion avec ses avantages, et un intérêt public certain leur paraissant devoir l'emporter sur un intérêt privé au moins douteux.

CHAPITRE II

DROITS RELATIFS A LA PERSONNE DE LA FEMME

Dans cette partie de notre travail, nous suivrons la
même méthode que nous avons adoptée pour l'étude des
actes relatifs au patrimoine. Ici, l'intérêt de la comparai-
son entre la situation ancienne et la situation nouvelle
sera, il est vrai, purement historique. Mais le meilleur
moyen de mesurer l'importance d'une réforme, n'est-ce
pas de connaître parfaitement l'état de choses auquel elle
a eu la prétention de remédier?

I. — DOMICILE.

La question de savoir si la femme séparée de corps,
dispensée du devoir de cohabitation, pouvait avoir un
domicile différent de celui du mari, faisait, avant la loi
du 6 février 1893, l'objet d'interminables controverses.

Ce n'est pas seulement depuis le Code civil qui, en
disant que « la femme mariée a pour domicile le domicile
de son mari », ne fait aucune distinction entre la femme
en ménage et la femme séparée de corps, que la question
se posait.

Elle se posait déjà dans l'ancien droit, et on y donnait
des solutions différentes.

Pothier et Bouhier décidaient que la femme séparée de
corps pouvait avoir un domicile à elle, différent de celui
du mari.

Voici de quelle façon s'expriment ces deux auteurs :

« Lorsque, disait Pothier [1], il y a séparation d'habitation prononcée par un jugement qui n'est suspendu par aucun appel ni opposition, la femme est par là déchargée de l'obligation de demeurer avec son mari, et elle a le droit, en conséquence, de s'établir où elle voudra un domicile qui lui sera propre ».

« La séparation de corps, disait de son côté Bouhier [2], donne à la femme la liberté d'aller habiter où il lui plaira ; elle a donc le droit de se choisir un nouveau domicile ; ainsi cela dépend de sa volonté, de laquelle on juge à cet égard comme de celle de toute autre personne ».

Mais à l'autorité de ces deux auteurs on opposait celle, très considérable aussi, du Premier Président Lamoignon, d'après qui [3] la femme séparée de corps, en quelque lieu qu'elle habitât, devait être considérée comme ayant conservé le domicile qu'avait son mari au jour de la séparation.

Le Code civil n'avait pas apporté des lumières nouvelles pour montrer la solution à donner à cette question, qui dès lors restait encore livrée aux controverses des jurisconsultes.

Les uns (Demolombe, Aubry et Rau) raisonnaient de la manière suivante : dans l'article 108 du Code civil, le législateur ne fait que tirer une conséquence du devoir de cohabitation, qu'il impose ailleurs à la femme mariée. Mais si la femme mariée n'a le même domicile que son mari que parce qu'en vertu des devoirs du mariage, elle est obligée de suivre son mari partout où il se transporte,

---

[1] *Contrats de mariage*, n° 522. *Introd. aux Coutumes*, chap. I, n° 10.
[2] *Observ. sur la Coutume de Bourgogne*, chap. XXII.
[3] *Arrêtés*, titre I, art. 16.

comment douter que la femme séparée de corps, qui précisément a obtenu de la justice le droit de résider ailleurs que chez son mari, puisse avoir un domicile propre ?

Qu'est-ce que le domicile, ajoutaient-ils, « c'est le lieu du principal établissement », répond le Code, soit, mais encore? C'est le lieu où l'on se considère comme étant chez soi. Il est naturel que la femme en ménage se considère comme chez elle là où est le foyer conjugal. Mais la femme séparée pourrait-elle regarder comme son « chez soi », un lieu où précisément il ne lui est plus permis de résider, d'où son mari pourrait la faire chasser s'il lui prenait envie de s'y introduire malgré lui ?

Enfin, on faisait observer, à l'appui de cette opinion, que le silence du législateur, en ce qui concerne la femme séparée de corps, devait bien plutôt passer pour un oubli. Au moment où l'article 108 fut voté, le divorce existant seul, et le législateur ne sachant pas encore s'il donnerait à la séparation droit de cité dans son œuvre, il serait, disait-on, contraire au bon sens de traduire ce silence du législateur dans le sens d'un refus de sa part de n'apporter aucune exception à la règle absolue qu'il venait d'écrire.

Les partisans de l'opinion adverse (Merlin, Zacharie), faisaient valoir qu'il y aurait faute à apporter, à une règle sans restriction, une exception que le législateur n'avait pas songé à y apporter.

Ils écartaient du reste l'argument consistant à dire qu'il y a corrélation entre la règle de l'article 108 et le devoir de cohabitation imposé à la femme mariée, en citant les paroles de l'orateur du Tribunat, dans la séance du Corps législatif du 23 ventôse, an II : « Le domicile étant établi pour fixer le lieu de l'exercice des droits civils, actifs et passifs, les personnes qui ne peuvent

exercer ces droits que sous l'autorisation et par le ministère d'un administrateur ou protecteur légal, doivent
avoir le même domicile que lui ».

N'était-ce pas le cas de la femme séparée de corps avant
la loi de 1893, puisque, l'autorité maritale étant maintenue,
elle ne pouvait exercer ses droits que sous l'autorisation
d'un protecteur légal, son mari ?

Enfin, et c'est par cette observation qu'ils terminaient :
le délai qui s'est écoulé entre le moment où le législateur
a rédigé l'article 108 et celui où il a organisé la séparation de corps, n'ayant été que de sept jours, peut on supposer raisonnablement qu'il n'a pu prévoir la question
que nous discutons, et que son silence ne soit qu'un
simple oubli ?

L'alinéa 1 de la loi du 6 février 1893, en décidant
« que la femme séparée de corps cesse d'avoir pour
domicile légal le domicile de son mari », a mis fin à cette
controverse.

Mais le législateur du 6 février n'a pas estimé cependant qu'on dût laisser le mari dans l'ignorance de
tous les actes de procédure qui peuvent être signifiés à
la femme.

« Néanmoins, toute signification faite à la femme séparée
en matière de questions d'état devra être également
adressée au mari, à peine de nullité ».

On comprend l'esprit qui a dicté cette disposition : le
législateur n'a pas voulu que le mari fût tenu à l'écart et
pût se trouver dans l'impossibilité d'intervenir, alors que
sont discutées des questions capitales, dont la solution
intéresse l'honneur de la famille toute entière.

M. Allou a donné une définition de ce qu'on doit
entendre par questions d'état :

« Ainsi, supposez qu'un procès soit engagé avec la
femme séparée, touchant pour elle à une question d'état,
supposez qu'on vienne contester l'acte d'adoption dont elle
a été l'objet, ou bien sa reconnaissance et sa légitimation.

»Est-ce qu'il est possible qu'un pareil débat s'engage
entre la femme et ses contradicteurs, sans que le mari
soit averti et puisse entrer dans la cause ? Il est incontestable que, même dans le cas où la femme a la complète
et entière administration de ses biens, il y aura toujours
une réserve à introduire relativement à la connaissance
que devra avoir le mari, de certains litiges d'une nature
supérieure ».

Tous les interprètes s'accordent à reconnaître que
l'énumération qui se trouve dans le passage que nous
venons de citer, n'est pas limitative. « Nous n'hésitons
pas, dit M. Margat[1], à appliquer l'article 108 nouveau
(2ᵉ alinéa Code civil), à une action en contestation d'état,
dirigée contre la femme ou même à une action en contestation de nationalité ».

II. — Du droit de faire le commerce et certains autres contrats

Il n'y a pas à nier que la raison d'être de l'autorité
maritale, en ce qui concerne les actes dont nous allons
parler, soit singulièrement puissante et singulièrement
sérieuse. Autant il est facile de supposer une organisation
de la famille où la femme pourrait librement aliéner,
s'obliger, ester en justice, en un mot faire sans autorisa-

[1] Thèse de doctorat.

tion aucune tous les actes qui intéressent son patrimoine, autant, au contraire, il est malaisé de se représenter le mariage avec liberté complète pour la femme de louer ses services, former un contrat de société avec un tiers, contracter un engagement théâtral etc., car, là, c'est la femme elle-même avec ses aptitudes, son activité, qui fait l'objet du contrat. Si le mari n'a pas le droit de contrôler des actes de cette nature, d'opposer son veto quand il croit l'honneur de la femme en péril, on peut dire que c'en est fait du foyer domestique.

Ces actes ont une telle importance, présentent un tel caractère de gravité, qu'ajoutant peut-être à la loi (excepté, à notre avis, en ce qui concerne le droit de faire le commerce) les tribunaux ont pendant longtemps décidé que la femme à qui son mari refusait son autorisation ne pouvait pas en appeler à la justice de ce refus. Cette solution, qui nous parait manquer quelque peu de bases juridiques, est cependant excellente au point de vue moral. Il est légitime que le mari seul puisse jouir du droit de permettre à la femme un acte qui touche à la dignité, à la considération ou au prestige de la famille. N'y a-t-il pas inconvenance de la part du législateur à le contraindre à exposer ses raisons, à confier à qui que ce soit les secrets les plus intimes de son cœur, à dire même à des juges qu'on doit supposer consciencieux et discrets, les motifs d'un ordre très délicat qui le font s'opposer à ce que la femme entre dans une société de commerce, livre un ouvrage au public, paraisse sur un théâtre, etc...?

Et du reste, alors même que le mari, pour essayer de faire approuver par la justice son refus d'autoriser sa femme, consentirait à s'imposer cette violence, comment les juges, sur de simples présomptions, sur de simples soupçons exprimés par le mari et aussitôt réfutés par la femme, pourraient-ils se faire une opinion, se former une conviction ?

Si fortes que soient ces raisons, les tribunaux, modifiant leur première opinion pour se renfermer cette fois dans les limites de la loi, qui ne dit nulle part que pour ces actes le mari jouisse d'un droit de contrôle sans appel, se reconnaissent aujourd'hui le droit d'examiner si oui ou non le refus du mari est fondé, et dans le cas où ce refus leur paraît injuste, de donner, eux, une autorisation à titre subsidiaire.

Un arrêt de la Cour de Cassation du 3 janvier 1868 va même jusqu'à décider qu'en cas d'abandon par son mari. la femme, pour se procurer des moyens d'existence, peut faire ces contrats sans aucune autorisation.

M. Guillouard, qui tente de justifier cette solution, voit, dans le fait d'un mari qui abandonne sa femme sans ressources, une autorisation tacite de contracter dans le but de subvenir à ses besoins.

C'est là une théorie singulière qui va tout justement à l'encontre de la loi. La loi, en effet, n'admet qu'une seule sorte d'autorisation tacite, celle qui résulte du concours du mari dans l'acte. De plus, l'autorisation ne saurait être accordée pour une série d'actes, car cette autorisation générale cacherait une renonciation aux droits de puissance maritale, renonciation que le mari ne peut pas faire.

Mais si cette dernière opinion nous paraît antijuridique, l'opinion qui fait rentrer dans le droit commun les actes dont nous nous occupons, nous paraît conforme à la loi, nous le répétons, en tant du moins qu'elle ne s'étend pas au droit pour la femme de faire le commerce.

Au sujet de ce dernier droit, il nous semble que l'art. 4

du Code de commerce ne permet pas de dire que la justice peut, sur le refus du mari, donner une autorisation.

Que dit cet article ? : «La femme ne peut être marchande publique sans le consentement de son mari».

Contrairement à ce qu'enseignent certains auteurs, à savoir que le législateur, dans cet article, n'a eu d'autre but que de rappeler le principe général, nous pensons, nous, qu'il a voulu écarter l'intervention de la justice, et laisser le mari maître absolu de donner ou de refuser son autorisation. En effet, quelle nécessité de rappeler le principe qui exige que, pour tous les actes de la vie juridique, la femme mariée incapable du fait de son mariage se fasse habiliter, comme si ce principe pouvait être mis en doute, comme si personne pouvait croire que, tandis que la femme mariée, pour l'acte le plus insignifiant, doit se munir d'une autorisation, elle peut s'en passer alors qu'elle songe à accomplir une série, peut-être importante, d'actes juridiques, dont le résultat peut être la faillite, c'est-à-dire la ruine et le déshonneur pour elle et la famille?

Au contraire, on conçoit très bien que le législateur n'ait pas voulu que personne puisse casser le jugement du mari, alors que ce jugement tranche une question de cette importance, alors que le mari, en donnant à sa femme une autorisation générale, quoi qu'on puisse en penser, en réalité abdique en partie ses droits de puissance maritale, puisqu'il s'interdit d'opposer son veto aux actes que sa femme accomplira en qualité de commerçante.

Aujourd'hui la puissance maritale a disparu. Puisque le mari, en vertu de la loi même de 1893, peut interdire à la femme de faire le commerce sous son nom à lui, il pourra du reste, usant de ce droit, s'arranger pour que l'honneur de son nom ne soit pas compromis dans une faillite.

Dès lors, pourquoi aurait-on exigé que la femme qui veut faire le commerce sollicite une autorisation ?

On doit décider également que la femme séparée de corps peut sans autorisation louer ses services, signer un engagement théâtral, former une société commerciale avec un tiers, etc.

Nous avons dit, dans les considérations générales, dont nous avons fait précéder les conséquences, que nous avions à déduire du principe indiqué dans l'article 311 pour quel motif nous nous prononcions dans ce sens. Résumons-nous : la formule dont s'est servi le législateur restituant à la femme séparée de corps « le libre exercice de sa capacité civile » est absolue, les abus de l'autorité maritale auraient pu se produire à propos des actes que nous examinons, tout aussi bien qu'à propos des autres ; alors même que des objections que nous ne prévoyons pas, viendraient jeter le doute sur notre solution, l'assimilation entre la séparation et le divorce ayant été le vœu du législateur de 1893, cette solution devrait encore triompher.

III. — CHANGEMENT DE NATIONALITÉ.

Avant la loi de 1893, on discutait la question de savoir si la femme séparée de corps avait le droit, sans autorisation, de changer de nationalité.

Cette question de droit, à l'occasion d'un procès célèbre, eut même l'honneur, singulièrement rare pour les questions de droit, d'être agitée dans les salons.

L'espèce était la suivante :

Après avoir vainement et à plusieurs reprises sollicité des tribunaux français un jugement de séparation de corps entre elle et son mari, la princesse de Bauffremont avait eu la pensée qu'elle était parvenue à réaliser de se faire naturaliser allemande, et à la faveur de sa nationalité nouvelle d'obtenir le divorce, ce qui lui avait permis de contracter mariage avec le prince Bibesco.

M. de Bauffremont demandait à la justice de déclarer nuls : ce changement de nationalité, qu'il n'avait pas autorisé, ainsi que le divorce et le second mariage, que ce changement de nationalité avait rendus possibles.

Deux systèmes furent produits ; d'après le premier soutenu par l'avocat de Mme de Bauffremont, le droit pour la femme séparée de corps, d'avoir un domicile distinct de celui du mari, devait entraîner pour elle le droit de se donner une nationalité nouvelle.

Ce fut le second système, celui qui fut présenté au nom du prince de Bauffremont, qui triompha.

Ce système repoussait la connexité qu'on essayait d'établir entre la notion de domicile et celle de nationalité, et faisait remarquer qu'il n'avait jamais pu entrer dans la pensée du législateur du Code civil, de permettre à la femme d'accomplir un acte aussi grave qu'un changement de nationalité sans autorisation de son mari ou de justice.

« Si la femme séparée, disait l'arrêt de la Cour de Paris du 17 juillet 1876, est affranchie des devoirs de cohabitation, et si, de cette liberté relative, on est autorisé à conclure, réserve faite du droit de la justice d'apprécier les motifs et les circonstances, qu'elle a la faculté de choisir un domicile là où il lui plaît, même en pays étranger, il n'en résulte pas qu'elle puisse, de même à son gré, sans l'autorisation de son mari, changer de nationalité. »

Aujourd'hui, la femme séparée de corps, jouissant d'une capacité sans limite, pourra accomplir librement cet acte, quelque important qu'il soit, sans avoir aucune autorisation à solliciter.

Objecter que le silence du législateur équivaut à une approbation de cette jurisprudence serait puéril. Car, si le législateur ayant songé à cette jurisprudence, n'a pas apporté de restriction au principe qu'il proclamait, n'est-ce pas une preuve évidente, non pas qu'il entendait maintenir l'état de choses ancien, mais qu'au contraire il entendait le supprimer ?

On nous dira peut-être qu'il est à craindre que la femme, une fois naturalisée à l'étranger, n'obtienne le divorce à des conditions différentes de celles requises par nos lois nationales, mais à cela nous répondrons qu'un changement de nationalité de la part de la femme, ne saurait avoir pour effet de lui permettre d'atteindre ce résultat.

Comme le dit fort bien M. Labbé[1], commentant les décisions judiciaires rendues dans l'espèce dont nous avons parlé :

« L'unité de la loi qui régit et gouverne le mariage au moment où il se forme, ne dérive pas de l'identité de nationalité préexistante ou lors établie chez les époux et ne disparaît pas avec cette identité. L'unité de la loi dérive de l'unité du contrat à régir. La différence de nationalité qui se produit entre les époux n'a aucune influence sur la question. Il est impossible que chaque époux relève d'une loi différente pour un contrat qui est unique, qui existe ou qui n'existe pas, qui produit un

---

[1] *Journal du droit international privé*, 1877, pag. 21.

effet à l'égard des deux parties ou qui ne le produit pas. Comment concevoir un mariage dissous pour l'une des parties et subsistant pour l'autre? Comment concevoir un époux engagé dans les liens d'un mariage actuel et n'ayant pas de conjoint? Comment concevoir le devoir de fidélité sans réciprocité? Concevoir la société conjugale réduite à ne compter qu'un seul membre? »

La femme séparée de corps, libre désormais de se faire naturaliser à l'étranger, ne pourra donc demander un jugement de divorce entre elle et son mari qu'à la justice française et pour une cause prévue par la loi française.

TROISIÈME PARTIE

EFFET DE LA RÉCONCILIATION SUR LA CAPACITÉ DE LA FEMME SÉPARÉE DE CORPS

Nous avons vu que la restitution de sa capacité à la femme séparée de corps n'avait été, dans l'esprit du législateur du 6 février 1893, qu'un moyen de la soustraire aux abus de l'autorité maritale. Une fois le rapprochement des époux opéré, et par conséquent la cause des abus qu'on pouvait à bon droit redouter, supprimée, il est naturel que la femme perde son entière capacité, qui n'aurait plus de raison d'être, et, comme n'importe quelle femme mariée, soit placée sous un régime de dépendance complète, ou tout au moins de demi-dépendance.

A un point de vue absolu, il devrait en être ainsi de plein droit. Mais, à côté de la théorie qu'elle satisferait, et plus importante qu'elle, se trouve la pratique qui s'accommoderait mal de cette solution. La logique juridique doit céder le pas à l'intérêt des tiers. Les tiers avec lesquels la femme traiterait, des deux événements qui, en partie du moins, se neutralisent: séparation et réconciliation, ne connaissant que le premier, ne songeraient pas à s'entourer d'une précaution qu'ils jugeraient inutile, vendraient à la femme, lui achèteraient, lui prêteraient, lui emprunteraient, sans avoir, le moins du monde, la pensée d'exiger d'elle qu'elle se fît habiliter par son mari, ou au refus de celui-ci par la justice ; et un jour la femme, regrettant l'opération contractée, désirant obtenir un remboursement immédiat, ou voulant se dérober à l'exécution de ses engagements, se ferait une arme contre les tiers de son retour à l'incapacité que ceux-ci auraient ignoré.

Ce serait là, par respect absolu des principes, donner à la mauvaise foi une prime qu'on ferait payer par l'honnête ignorance.

Aussi le législateur a-t-il édicté des mesures de publicité spéciales destinées à porter la réconciliation des époux à la connaissance des tiers. La réconciliation n'aura d'effet à l'égard des tiers qu'autant que les formalités imposées par la loi pour les en instruire auront été très scrupuleusement observées.

La femme séparée de corps et réconciliée, depuis la loi du 6 février 1893, peut, au moyen de certains actes de publicité, perdre en partie sa capacité et se placer sous le régime de la séparation de biens.

Il ne tient donc qu'à la femme, après la réconciliation, de conserver l'absolue liberté qu'elle possédait pendant la durée de la séparation, elle n'a pour cela qu'à s'abstenir des formalités de publicité dont parle, dans l'alinéa 4 de son article 3, la loi de 1893. Du moment que ces formalités n'auront pas été accomplies, la réconciliation, même connue des tiers, légalement n'existera pas à leur égard, et le défaut d'autorisation maritale ne pourra, dans aucun cas, devenir une cause d'annulation, pour les actes juridiques qu'ils passeraient avec la femme.

Mais si, au contraire, la publicité de l'alinéa 4 a été faite, la femme tombera de la capacité absolue qu'elle

avait en qualité de femme séparée de corps, dans la capacité
relative qu'accorde le Code à la femme séparée de biens,
elle pourra, par conséquent, attaquer pour défaut d'autorisation les actes qu'elle viendrait à accomplir au delà de
son droit de libre administration.

Examinons les formalités prescrites par la loi du 6 février
1893 ; elles sont au nombre de quatre :

1° La réconciliation ou reprise de la vie commune doit
être constatée par acte passé devant notaire avec minute
(Conf. art. 1451 2) ;

2° Expédition de cet acte devra être affichée dans la
forme indiquée par l'article 1445, c'est-à-dire dispose ce
texte, sur un tableau à ce destiné, dans la principale salle
du Tribunal de son domicile ;

3° Mention de la réconciliation et de la reprise de la vie
commune sera faite en marge : 1° de l'acte de mariage ;
2° du jugement ou de l'arrêt qui a prononcé la séparation ;

4° Extrait de l'acte attestant la réconciliation et reprise
de la vie commune sera publié dans l'un des journaux du
département recevant les publications légales.

Ces deux dernières formalités étendent la publicité
dont l'article 1451 entourait déjà la réconciliation des
époux séparés de corps ou de biens. Aux formalités déjà
prescrites par l'article 1445, viennent donc s'en joindre
de nouvelles dont l'utilité n'est pas douteuse.

M. Arnault donne ainsi les motifs de cette innovation :
« Il faut noter, dit-il, une addition relative à la publicité,
qu'on ne saurait prescrire trop grande dans l'intérêt des
tiers.

» On s'était contenté, lorsque la reprise de la vie commune a été constatée par acte passé devant notaire, avec

minute, de la publicité prescrite par l'art. 1445, c'est-à-dire l'affiche d'un extrait de cet acte sur un tableau à ce destiné, dans la principale salle du tribunal de première instance, et de plus, si le mari est marchand, banquier ou commerçant, dans celle du Tribunal de commerce du lieu de son domicile.

» Il faut convenir qu'en fait, ce tableau, couvert d'un grillage, peut être d'une lecture assez difficile, aussi l'article voté exige, en outre, la mention du dit acte notarié en marge tout à la fois de l'acte de mariage et du jugement ou de l'arrêt qui a prononcé la séparation.

» Il exige enfin la publication en extrait du même acte dans l'un des journaux du département recevant les annonces légales.

« On ne peut qu'applaudir. Les tiers sont ainsi bien avertis que la femme est de nouveau placée sous le régime de l'autorisation maritale ».

Remarquons, en passant, que le législateur du 6 fevrier 1893 a été fidèle à la tendance moderne, qui pousse les législateurs à grouper le plus possible ensemble tous les actes intéressant l'état civil et la capacité des personnes; peu après la loi du 6 février 1893, que nous commentons, a paru, le 16 mars de la même année, une loi modifiant la publicité de l'interdiction et prescrivant la mention de l'interdiction, sur un registre tenu au greffe du lieu de naissance de l'interdit.

Il serait à désirer que cette tendance aboutit à la création de ces casiers civils, qui au point de vue civil seraient ce qu'est le casier judiciaire au point de vue criminel, et que jurisconsultes et hommes de pratique sont unanimes à réclamer. Le jour, en effet, où tous les renseignements ayant trait aux événements modificatifs de la personnalité juridique d'une personne, seraient réunis sur un seûl feuillet, qui serait délivré comme sont délivrés actuellement les extraits de l'État civil, ce jour-là, de nombreuses causes d'erreur et de fraude auraient définitivement disparu. Ce n'est parfois qu'à grand peine qu'on peut aujourd'hui savoir si une personne est mariée, si elle est mariée ou non pour la première fois, si elle est investie d'une tutelle, si elle est interdite, pourvue d'un conseil judiciaire, etc., alors que cependant il serait si important de savoir quels sont exactement ses droits, et de connaître si oui ou non une hypothèque légale, par conséquent générale, et dans deux cas sur trois dispensée d'inscription[1], ne grève pas ses immeubles. Tous ces renseignements, le casier civil nous les fournirait d'une façon certaine. On pourrait traiter à coup sûr avec une personne à qui on aurait songé à en demander la présentation. La rapidité et la sécurité des transactions[2] seraient donc intéressées à ce que cette institution prît place dans nos lois. Nous voyons dans ces mentions que le législateur du 6 février 1893 veut voir noter en marge de l'acte de mariage et du jugement prononçant la séparation, un premier pas fait dans ce sens; nous serions heureux que cette œuvre à peine ébauchée fût un jour complétée.

On a reproché au législateur du 6 février 1893, d'avoir permis à la femme séparée de corps, de se placer après réconciliation, sous le régime de la séparation de biens,

---

[1] Un projet de loi récent connu sous le nom de projet de réforme hypothécaire exige, pour qu'elles soient opposables aux tiers, l'inscription des hypothèques de la femme mariée et du mineur.

[2] Un autre avantage du casier civil serait de rendre le crime de bigamie beaucoup plus difficile à commettre.

et par conséquent de lui avoir permis de modifier ainsi ses conventions matrimoniales.

A cela on a répondu, avec une grande apparence de raison, qu'il avait dû paraître bon au législateur de ne pas effaroucher la femme qui songe à reprendre la vie commune, par la perspective d'une incapacité absolue, et qu'en agissant comme il l'a fait, il a eu pour but de faire une concession à son désir de voir un rapprochement se produire entre époux séparés.

M. Thiénot[1] a exprimé une crainte :

« Cette innovation irréfléchie, donnant ce résultat que des époux pourront être successivement soumis à deux régimes de mariage complétement différents, ne fera-t-elle pas de la séparation de corps suivie de réconciliation immédiate, dûment constatée, un simple expédient de procédure permettant de changer de régime matrimonial ? »

Nous avons assez souvent réfuté cette objection, pour n'avoir pas à en exposer ici une réfutation nouvelle qui, dans notre travail, ferait l'effet d'un *leit-motiv*.

Le législateur du 6 février 1893 permet donc à la femme d'abandonner le régime de la capacité, — peu compatible d'après lui (nous savons ce qu'il faut penser de cette opinion) avec la communauté d'existence, — pour se placer sous un régime qui, tout en la frappant d'incapacité, laisse cependant à son activité juridique la liberté de se mouvoir dans de raisonnables limites[2].

---

[1] *Revue critique*, année 1893, pag. 392.

[2] Les donations faites au profit de l'époux contre lequel la séparation de corps a été prononcée tombent conformément à l'article 299 du Code civil. Revivent-elles de plein droit à la suite de la réconciliation constatée par acte notarié et rendu public, ou faut-il que cet acte contienne

Mais la femme n'a-t-elle que le choix entre la conservation de sa capacité par son silence, ou la création du régime de la séparation de biens par l'accomplissement de certaines formalités ? En d'autres termes, l'article 1451, qui permet à la femme séparée de corps et de biens ou de biens seulement, de faire revivre ses conventions matrimoniales, de leur donner une efficacité nouvelle, doit-il continuer à recevoir son application en ce qui concerne la femme séparée de corps, ou a-t-il été virtuellement abrogé à son égard par la loi que nous étudions ? Là gît la grosse difficulté de notre chapitre.

Sur cette question, les avis sont partagés. Dans le silence de la loi, d'éminents jurisconsultes discutent, mais nous ne croyons pas qu'entre eux un accord soit encore prêt à intervenir.

Pour nous, s'il nous est permis de prendre part à cette docte conversation entre des maîtres, nous nous permet-

la manifestation de volonté de l'époux qui entend faire revivre cette donation ?

MM. Aubry et Rau (tom. V, pag. 495) distinguaient entre les diverses donations. D'après eux, les avantages stipulés au contrat (gains de survie) et les donations considérées comme conditions de l'adoption de tel régime revivraient de plein droit, tandis que pour les autres libéralités, même contenues au contrat de mariage, les époux auraient à déclarer leur intention de les faire revivre dans l'acte notarié.

C'est là une distinction tout à fait arbitraire par le seul fait de la réconciliation portée à la connaissance des tiers le contrat de mariage est restauré dans toutes ses parties.Ce qui avait fait tomber la donation, c'est une présomption d'ingratitude. Or la réconciliation prouve que le donateur a voulu pardonner.

Cette solution a été admise par la Chambre des Requêtes (27 décembre 1893), rejetant un pourvoi formé contre un arrêt de la Cour de Rennes (23 décembre 1892). *Journal du Notariat*, année 1893, pag. 136, et année 1894, pag. 1 et suiv. Voir aussi Demolombe, tom. IV, n° 544-546.

Toutefois il est prudent d'exprimer formellement dans l'acte l'intention de faire revivre les donations.

trons d'opiner dans le sens d'un droit d'option concédé à la femme, qui, dès lors, aurait le choix entre trois partis : rester capable, devenir femme séparée de biens ou se soumettre à nouveau aux clauses de son contrat de mariage.

Voici quelques considérations qui nous font paraître cette opinion comme vraisemblable.

La première, c'est l'attachement bien connu du législateur français au principe de l'immutabilité des conventions matrimoniales. Qu'on voie dans ce principe une conséquence de la règle de la révocabilité des donations entre époux, explication qui nous paraît mauvaise, ou qu'on y voie une garantie pour les deux familles, pour les conjoints et pour les tiers, peu importe, ce principe a paru essentiel au législateur, qui a tout fait pour en assurer le respect.

Pour satisfaire certains intérêts très légitimes ou pour porter remède à certains maux ou à certaines situations, le législateur peut bien consentir à s'écarter de ce principe, rien n'est plus naturel. Il n'est pas, en effet, de principe si important qu'il ne faille abandonner dans certains cas déterminés, où le « *summum jus* » risquerait de devenir, comme dit Cicéron, une « *summa injuria* ».

Mais une fois que ces intérêts ont cessé d'être compromis, quand cette situation douloureuse a pris fin, n'est-il pas naturel que le principe reçoive son application, la cause qui avait poussé le législateur à faire échec à une de ses règles préférées n'existant plus ?

Comment supposer dès lors que non seulement le législateur, après la réconciliation, a autorisé cette violation des principes, mais que même il l'a imposée aux époux ?

Dira-t-on que le régime de la séparation de biens a les
préférences du législateur, et que le législateur a été heu·
reux de trouver une occasion d'augmenter sa clientèle ?
Mais nous savons que c'est là une erreur manifeste, puisque, bien loin d'avoir ses préférences, ce régime lui a
toujours semblé mauvais, et qu'il ne l'a admis que dans
l'intérêt du mariage et en imposant une violence à ses
goûts personnels.

La solution de l'article 311 a donc dû lui paraître mé-
diocre au point de vue théorique. Il n'est pas, par conséquent, admissible que, dans l'intérêt des principes, il ait
entendu l'imposer. Lui aurait-elle paru excellente au
point de vue pratique ?

Nous savons que c'est le désir de rendre les réconcilia-
tions plus fréquentes et plus faciles, en permettant à la
femme réconciliée de s'assurer une demi-indépendance
qui l'a poussé à écrire l'alinéa 4 de l'article 3. Mais ce
désir précisément recevra une satisfaction plus complète
si, tout en autorisant la femme qui se réconcilie à adopter,
malgré son contrat de mariage, le régime de la séparation de biens, on lui permet aussi de revenir purement
et simplement au régime nuptial auquel elle était soumise
précédemment à la séparation. Au point de vue pratique,
le droit d'option est excellent, alors que la séparation de
biens obligatoire serait mauvaise, car la femme pouvait
adopter ce régime par contrat de mariage, elle ne l'a pas
fait, c'est donc qu'il lui a paru présenter des inconvénients, ou qu'un autre lui a plu davantage, il est possible
qu'elle continue à penser de la sorte, et vous croyez hâter
la réconciliation en lui imposant ce régime dont elle ne
veut peut-être pas ?

10

En raisonnant par présomptions, nous arrivons donc à conclure que la disposition de la loi de 1893 est une simple faculté et non une obligation impérieuse et inéluctable.

Mais, à ce raisonnement, qui nous paraît inattaquable on a répondu, non par un texte formel, qui, à notre humble avis, serait nécessaire pour admettre une opinion aussi peu vraisemblable, et qui n'existe pas, mais en tirant argument d'une clause de style jetée au bas de la loi et ainsi rédigée : « Les dispositions contraires à la présente loi sont abrogées ». Or, a-t-on dit, les dispositions de l'article 1449 sont contraires aux dispositions de la loi du 6 février 1893.

Malgré le respect que nous professons pour la science de ceux qui affirment l'existence de cette contradiction, il nous est impossible de l'admettre.

Nous pensons que, pour qu'il y eût contradiction, il faudrait que les deux textes imposassent deux procédures différentes à la femme réconciliée pour atteindre le même but ; supposons, par exemple, que l'article 1449 prévoie le cas où la femme séparée de corps et capable veut retourner non à l'incapacité peut-être absolue de son contrat de mariage, mais à l'incapacité un peu plus large de la séparation de biens. Evidemment, il y aurait contradiction entre les deux articles, et alors on pourrait, après nous avoir montré l'antinomie, aller plus loin et nous dire : Nier cette contradiction, ce serait lancer une accusation de naïveté contre le législateur de 1893, car là où, d'après lui, une publicité atténuée, raccourcie et par conséquent moins coûteuse suffirait, comment a-t-il pu supposer que la femme pourrait avoir la fantaisie d'opter pour la publicité plus grande, plus minutieuse, plus complète, partant plus onéreuse, qu'il indique ?

A la rigueur, on pourrait peut-être voir encore une contradiction, s'il indiquait la même procédure pour le cas qu'il prévoit, que celle qu'exige le Code civil pour le cas tout différent qu'il a en vue.

Mais il n'en est pas ainsi. Les deux textes prévoient deux hypothèses différentes et décrivent deux sortes de publicité différentes. L'un envisage un retour aux clauses du contrat de mariage et énumère certaines mesures de publicité, l'autre un établissement postérieur au mariage, à la suite d'une réconciliation entre époux séparés de corps, du régime de la séparation de biens et énumère des mesures de publicité plus complètes. Il y aurait eu sottise de la part du législateur à donner le choix à la femme entre deux sortes de publicité pour arriver à la même solution, tandis qu'au contraire il est facile à comprendre qu'il ait édicté des règles de publicité plus nombreuses ou plus rares, suivant que la femme qui se réconcilie désire changer de régime matrimonial, et se placer sous le régime de la séparation de biens, ou désire simplement faire revivre son contrat de mariage, suivant qu'elle veut user d'une sorte de droit ou veut profiter d'une faveur.

Nous avons commencé par déclarer que sur cette question la loi est muette. Mais les travaux préparatoires, incidemment, il est vrai, en disent quelques mots, et ces quelques mots, tandis que dans les discussions parlementaires nous ne trouvons rien qui les contredise, viennent tout justement à l'appui de notre solution.

M. Griffe, sur les observations de qui, cette disposition législative a été introduite dans la loi de 1893, terminait son discours au Sénat en disant: «Si les époux voulaient même aller plus loin et faire revivre leur contrat de ma-

riage, ils en auraient la faculté en usant du bénéfice de
l'art. 1451». Et M. Arnault, professeur à la Faculté de
Droit de Toulouse, rapporteur de la loi à la Chambre des
Députés, s'exprimait ainsi : «Nous croyons que le 4ᵉ alinéa,
de l'art. 3 du projet, ne prive pas les époux de ce rétablissement de l'ancien régime matrimonial, ils peuvent au
cas précédent se placer sous le régime de la séparation de
biens,— cela n'est pas douteux — mais ils peuvent aussi,
comme dans les autres cas, suivre la règle de l'art. 1451,
qui reste conçu en termes généraux, et doit continuer à
s'appliquer à toutes les femmes séparées [1]».

Des auteurs considérables sont aussi en notre faveur.

«Si, disait M. Bresolles, les époux veulent aller plus
loin et rétablir entièrement le régime matrimonial que la
séparation de corps et de biens avait modifié, ils devront
se conformer en outre à l'art. 1415 du Code civil.»

M. Bonnet [2] s'est prononcé dans le même sens; cet
auteur estime qu'il n'a pas été dans la pensée du législateur d'imposer nécessairement aux époux le régime de
séparation de biens, et qu'ils peuvent au contraire, à leur
choix, stipuler par application de l'art. 1451 que leurs
conventions matrimoniales recouvreront leur ancien
effet.

Enfin, un jugement du tribunal civil de Nimes, portant
la date du 30 juillet 1896, et publié dans le journal *La
Loi*, du 8 août 1896, tranche la question comme nous
venons de le faire. Ce jugement a d'autant plus de poids
que M. Vigié, doyen de la Faculté de Droit de Montpellier,
s'était prononcé pour la solution contraire dans une
remarquable consultation écrite, qu'il avait donnée pour

---

[1] *Journal officiel. Débats parlem.* de décembre 1387, pag, 438.
[2] *Journal du Notariat* du 16 février 1896.

l'une des parties en cause, et que, dans ces conditions, on est forcé d'admettre que les arguments en faveur du système du droit d'option ont dû paraître singulièrement forts aux juges, puisqu'ils l'ont adopté malgré la haute autorité sous le patronage de laquelle on mettait le système opposé.

Notre solution étant acceptée, on peut distinguer, avec M. Arnault, six catégories de femmes séparées ou réconciliées :

1° La femme séparée de biens seulement, vivant avec le mari sous le régime de la séparation de biens judiciaire;

2° La femme séparée de biens qui a fait revivre son ancien régime matrimonial conformément à l'art. 1451 du Code civil ;

3° La femme séparée de corps non réconciliée, qui jouit de sa pleine capacité civile (art. 311, 3°);

4° La femme séparée de corps qui a repris la vie commune, mais ne s'est pas conformée aux prescriptions de l'art. 311, 4° ;

Dans ce cas, la femme conserve toute sa capacité vis-à-vis des tiers.

Entre époux, il y a lieu au régime de la séparation de biens.

5° La femme séparée de corps qui, réconciliée par acte notarié, a rempli toutes les formalités énumérées par l'art. 311, 4° ;

Dans ses rapports avec les tiers et dans ses rapports avec le mari, sa capacité est régie par l'art. 1449.

6° La femme séparée de corps qui, après réconciliation, est revenue au régime matrimonial primitif, conformément à l'art. 1451.

Il est certain que cette multiplicité de situations juridiques peut devenir une source d'inconvénients de toute sorte, une cause constante d'incertitude et d'insécurité, pour les tiers avec lesquels la femme traitera. Ils auront à distinguer entre une foule d'hypothèses et seront souvent exposés à commettre une erreur qui risquera de se traduire pour eux par un préjudice pécuniaire.

N'est-ce pas là un argument de plus en faveur de la thèse que nous avons soutenue sur la nécessité de restituer à la femme mariée, et cela dans tous cas, son entière capacité au point de vue de ses droits sur son patrimoine?

Vu : *Le Président de la Thèse,*
LAURENS.

Vu : *Le Doyen de la Faculté de Droit,*
VIGIÉ.

Vu et permis d'imprimer :
Montpellier, le 15 janvier 1897.
Le Recteur, Président du Conseil de l'Université,
J. GÉRARD.

TABLE DES MATIÈRES

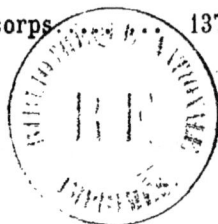

Montp. — Typ. Charles Boehm.

Imp. G. Saint-Aubin et Thevenot. — J. Thevenot, successeur, Saint-Dizier (Haute-Marne).

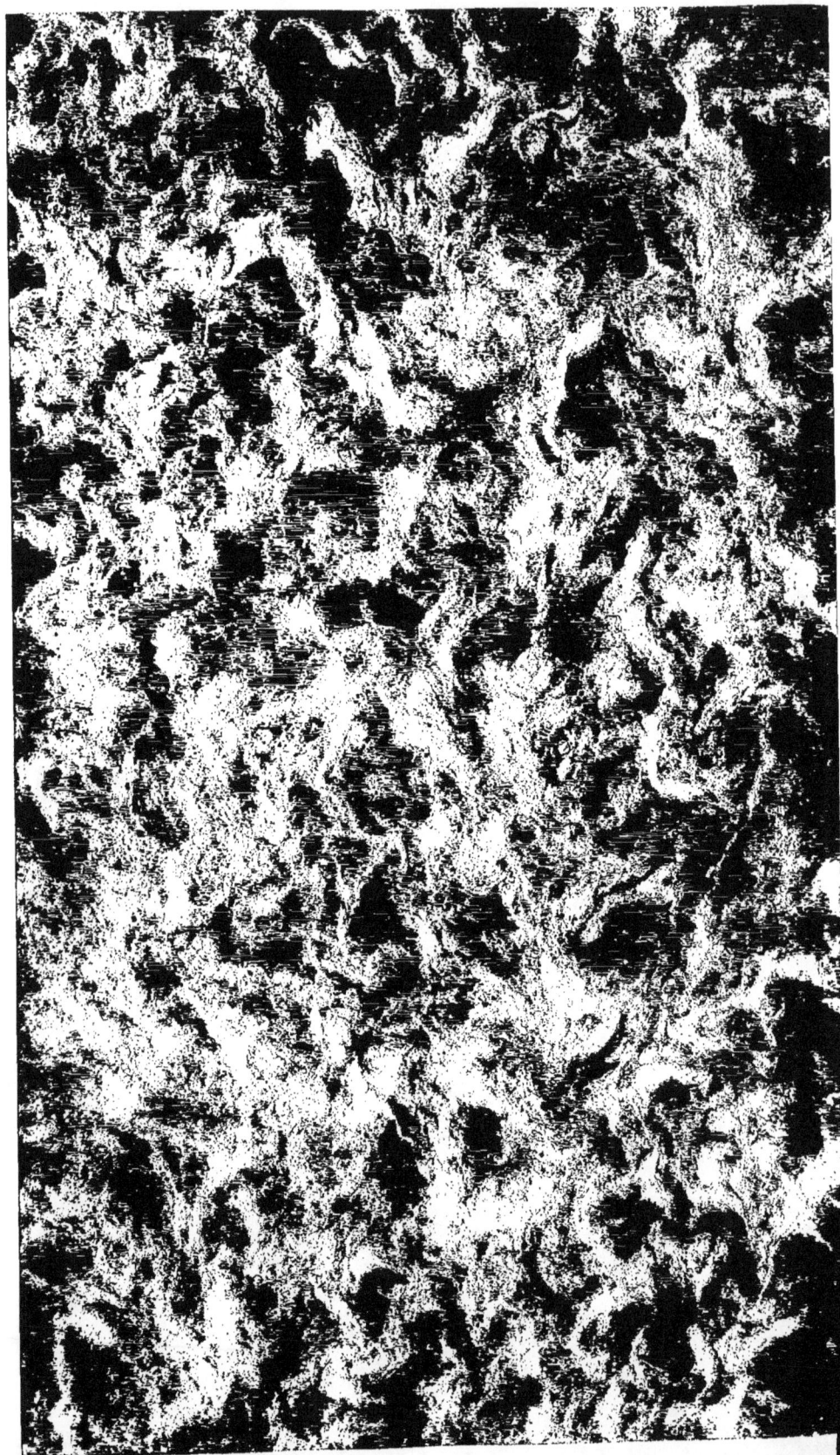